From the

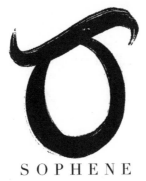

SOPHENE

Published by Sophene 2021

The *History of the Vartan and the Armenian War* by Yeghishe was translated into English by Beyon Miloyan in 2020. This translation was made from the Armenian text of Jerusalem (1865).

www.sophenebooks.com
www.sophenearmenianlibrary.com

ISBN-13: 978-1-925937-72-5

YEGHISHE

HISTORY OF VARTAN AND THE ARMENIAN WAR

VOLUME I

YEGHISHE

HISTORY OF VARTAN AND THE ARMENIAN WAR

IN TWO VOLUMES OF GRABAR, WITH AN ENGLISH TRANSLATION BY BEYON MILOYAN

VOLUME I

SOPHENE

This translation is dedicated to the memory of my beloved grandparents, Noubar and Marie Agopian.

MAP

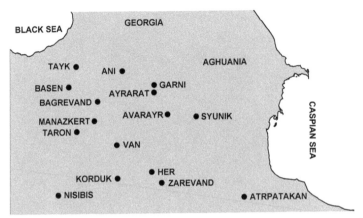

Key locations in *The History of Vartan and the Armenian War.*

CONTENTS

GLOSSARY

The following words refer to titles of individuals or to words that can take on multiple meanings within the text, and have been transliterated directly to English.

Avag (աւագ) refers to a chief, noble or senior official.

Avan (աւան) refers to a village, town or district.

Azat (ազատ), a member of the Armenian nobility (lit. free), ranking below *naxarar*s.

Dahekan (դահեկան) refers to a unit of mass probably equivalent to about 5 grams, or to such coinage.

Darandardzapet (դարանդարձապետ) refers to a Sasanian chancellor or high-ranking legal official.

Dev (դեւ) refers to good or evil spirits.

Hazarbed (հազարապետ), a title for a high official of the Sasanian state, lit. chief of a thousand (but see "hazarbed" in Encylopedia Iranica).

Magus (մոգ [mog]), a Zoroastrian priest.

Marzban (մարզպան), a Sasanian administrative title that refers to a governor or military commander of a border province.

Mogbed (մոգպետ), a high-ranking magus.

Movpetan Movpet (մովպետան մովպետ), the highest-ranking mogbed (chief magus), i.e., the chief Zoroastrian priest.

Nakharar (նախարար), a hereditary class of Armenian feudal lords and the highest ranking nobles (see "Naxarar" in the Encyclopedia Iranica).

Sepuh (սեպուհ), a junior class of Armenian nobility.

Sparapet (սպարապետ), the commander-in-chief of the Armenian army (a hereditary position).

Vardapet (վարդապետ), a high-ranking and learned member of Armenian clergy, similar to the Eastern Orthodox *archimandrite*.

TRANSLATOR'S PREFACE

The *History of Vartan and the Armenian War* is a major source for the Battle of Avarayr, its antecedents and aftermath. The *History* covers the thirty-six year period from 428 to 464 AD in seven chapters. Volume I contains the first four chapters and covers the period from the fall of the Armenian Arsacid dynasty (428 AD) to the antecedents of the Battle of Avarayr (451). Volume II covers the Battle of Avarayr (June, 451) to its aftermath in 464. The *History* is more generally a useful source for information related to affairs of the Sasanian state, both foreign and domestic.

Yeghishe's *History* is one of two key works that addresses the Battle of Avarayr, the other being Ghazar Parpec'i's *History of the Armenians*[1] written in the late 5th century and covering the period 387 to 485 AD. Although there is uncertainty about which work preceded the other given the overlap between the two, they also cover different information and should be treated as companion texts.

Charles Neumann's 1830 translation[2] of Yeghishe's *History* is notable for being one of the first English translations of Classical Armenian literature. The present translation began as an attempt to correct a number of errors in Neumann's work in the hope of presenting a revised and updated edition of it, but what resulted was a completely new translation that bears little resemblance to Neumann's. Although I believe this version is considerably more faithful to Yeghishe's *History* in both style

and meaning, it, too, is built upon Neumann's pioneering work, to which I pay my respects here.

This translation also benefitted immensely from the editorial feedback of two people, to whom I am incredibly grateful. My great friend and colleague Kimberley McFarlane edited a later draft of the manuscript that helped improve the clarity and style of the translation, in addition to designing the cover of the book. When a near-final draft of the translation was complete, I asked Michael Bonner if he would review the manuscript against Yeghishe's original text. In addition to correcting a number of errors in my translation, Michael provided extensive feedback and stylistic suggestions, most of which I incorporated without question.

Beyon Miloyan
Los Angeles, 2020

BIBLIOGRAPHY

1. Parpec'i, G. (2020). *Ghazar Parpec'is History of the Armenians* (in two volumes of Grabar, with an English translation by Robert Bedrosian). Sophene.

2. Neumann, C. F. (1830). *The History of Vartan and of the Battle of the Armenians: Containing an Account of the Religious Wars between the Persians and Armenians by Elisaeus, Bishop of the Amadunians.*

YEGHISHE

HISTORY OF VARTAN AND THE ARMENIAN WAR

VOLUME I

ԴԱՒԹԻ ԵՐԻՑԻ ՄԱՄԻԿՈՆԻ ՀԱՅՑԵԱԼ

Զքանն վասն որոյ պատուիրեցեր՝ արարի, ո՛վ քաջ. վասն Հայոց պատերազմին հրամայեցեր, յորում բազումք առաքինացան քան զսակաւս:

Ահա նշանագրեցի յայսմ եւթն յեղանակիս.

Առաջին՝ զժամանակն:

Երկրորդ՝ զԻրացն պատահումն յիշխանէն արեւելից:

Երրորդ՝ զՄիաբանութիւն ուխտին եկեղեցւոյ:

Չորրորդ՝ զԵրկպառակութիւն ոմանց բաժանելոց ի նմին ուխտէ:

Հինգերորդ՝ զՑարձակումն արեւելեայց:

Վեցերորդ՝ զԸնդդիմանալն Հայոց պատերազմաւ:

Եւթներորդ՝ զՑերկարումն իրացն խռովութեան:

Յայսմ յեւթն զլուխս կարգագրեալ եւ եղեալ ծայրալիր պատարմամբ զսկիզբն եւ զմիջոցն եւ զկատարումն, զի հանապազորդ ընթեռնուցուս, լսելով զառաքինեացն զքաջութիւն, եւ զյետս կացելոցն զվատթարութիւն. ոչ յանձին կաբաւտութիւն երկրաւոր առատ գիտութեան լրման, այլ այցելութիւն երկնաւոր տնտեսութեան, որ մատակարարէ յառաջգիտութեամբ զհատուցմունս երկոցունց կողմանցն, որ երեւելեաւքն զաներեւոյթն գուշակէ:

AT THE REQUEST OF THE PRIEST
DAVID MAMIKON

This work that you have ordered, I have composed, Your Excellency. You ordered [a book] about the Armenian war, in which more [of our participants] became virtuous than the few [who did not].

Behold, I wrote [about the war] in these seven chapters:

First, the period.

Second, the things that happened because of the ruler of the East.

Third, the union of the covenant of the church.

Fourth, the dissension of some and their separation from the covenant.

Fifth, the attack of the Easterners.

Sixth, the resistance of the Armenians in war.

Seventh, the continuation of the troubles.

In these seven chapters, I have written an account, in full detail, of the beginning, middle, and end [of the war], that you may read it as [one] continual [account] and hear of the valiance of the virtuous ones and the faults of the recreants; not for your want of the fullness of an abundant worldly knowledge, but for the visitation of the heavenly providence, which gives both sides compensation in its prescience, so that through the visible, the invisible is foretold.

DEDICATION

Այլ դու, ո՛վ մեծդ ի գիտութեանն Աստուծոյ, առ ի՞նչ արդեւք հրամայեցեւս, քան եթէ հրամայիցիս լաւագունացն: Որպէս երեւի ինձ եւ քեզ եւ այնոցիկ, որ դեգերեցին յիմաստասիրութեան, երկնաւոր սիրոյ է նշանակս այս եւ ոչ երկրաւոր փառասիրութեան. որպէս եւ ասացին իսկ ոմանք ի քաջ պատմագրացն. «Զուգութիւն է մայր բարեաց եւ անզուգութիւն ծնող չարեաց»:

Որպէս եւ մեր իսկ հայեցեալ ի սուրբ սէր քոյոյ հրամանիդ՝ ոչ ինչ դանդաղեալ վեհերեցաք հայեցեալ ի մեր տգիտութիւնս: Քանզի բազում ինչ է սրբութիւն՝ սատար լինել անաւսրութեան, որպէս աղաւթք գիտութեան, եւ սէր սուրբ՝ միաբան ազտից:

Զոր եւ մեր ընդ հրամանին քում ընկալեալ՝ յաւժարութեամբ ձեռնարկեցաք զայս ինչ, որ է մխիթարութիւն սիրելեաց եւ յոյս յուսացելոց, քաջալերութիւն քաջաց, կամակարութեամբ յարձակեալ ի վերայ մահուան, յառաջոյ տեսանելով զզաւրագլուխն յաղթութեան, որ եւ ոչ ումեք ոտնիար լիցի թշնամութեամբ, այլ ամենեցուն ուսուցանէ զիւր անպարտելի զաւրութիւնն: Եւ ահա ո՛ ոք կամեսցի՝ ընդունի իբրեւ զնահատակ առաքինի: Եւ քանզի բազմադիմի է նահատակութեանդ անուն, եւ նա բազմադիմի շնորհս բաշխէ ամենեցուն. զոր եւ մեծ իսկ քան զամենայն՝ սէր սուրբ յաննենգ մտաց գիտեմք:

But you, who are great in your knowledge of God, why would you command [me to write this history], if you could have commanded those who are better? As it appears to me and to you and to those who wander in their love of wisdom[1], this is a sign of heavenly love and not of worldly love of glory; as some of the erudite historians have said: "Unity is the mother of good, and disunity the parent of evil."

Seeing the holy love of your command, we did not delay or flinch from looking upon our own ignorance. For holiness provides much support to meagerness, as prayer to understanding and holy love to the common good.

When we received your command, we readily undertook [this task] thus, which provides consolation to [our] friends, hope to [those who] trust and encouragement to the brave, [that they] willingly attack upon death, seeing before them the victorious general [i.e., Christ], who rejoiced over no man in hostility, but teaches all his unconquerable power. Behold, whosoever wills, [He] accepts as a virtuous *nahatak*. And because the name of *nahatak* is multi-faceted[2], so He distributed His manifold grace to all; and we know the greatest of all to be the holy love of a sincere mind.

---

1   Իմաստասիրութիւն, lit. love of wisdom [philosophy].
2   նահատակ ('nahatak') refers here to a martyr, warrior and hero.

DEDICATION

Այս պարզութիւն զվերնոյն բերէ զնմանութիւն. զոր եւ մեր ի քեզ տեսեալ, մոռացաք զմեր բնութիւնս: Եւ ահա վերաբերիմք ընդ քեզ ճախրելով, եւ իբրեւ բարձրաթռիչս եղեալ՝ զամենայն վնասակար մրրկածին աւդովք անցանիցեմք, եւ փոքր ի շատէ ծծելով յանապական վերին աւդոցն՝ առնուցումք զգիտութիւն ի փրկութիւն անձանց եւ ի փառս ամենայաղթ եկեղեցւոյ: Ուստի եւ բազում սուրբ պաշտաւնեայքն զուարթութեամբ կատարեցեն զսպաս վիճակին իւրեանց, ի փառս Հաւրն բոլորեցուն. ուր ընդ նմին սուրբ Երրորդութիւնն ցնծացեալ բերկրիցի յանտրտմական յիւրում էութեանն:

Արդ որովհետեւ ընկալաք զհրաման պատուիրանի յաննախանձ քոյոց բարուց բնութեանդ, սկսցուք ուստի արժան է սկսանել. թէպէտ եւ ոչ յաւժարիցեմք զթշուառութիւն ազգիս մերոյ ողբալ: Ահա ոչ ըստ կամաց արտաւսրալիր ողբովք ճառագրեմք զբազում հարուածս՝ յորում պատահեցաք եւ մեք իսկ ականատես լինելով:

This simplicity bears resemblance with [the simplicity of] heaven that we, having seen in you, have forgotten [the quality of] our own nature. Behold we are lifted up, soaring with you; and flying high we pass [over] all the harmful tempests through the air, absorbing part of the pure celestial air, taking knowledge for our salvation and the glory of the all-conquering church. Thus let the many holy ministers gladly carry out the service in their positions to the glory of the Father of all, where the Holy Trinity may rejoice and be merry in its undismayed essence.

Now, because I have received this command from your unenvious nature, let us begin where it is fit to begin; although we did not readily lament for the calamity of our nation. Behold, unwillingly and with tearful laments do we describe the many blows we received and witnessed with [our] eyes.

ԺԱՄԱՆԱԿՆ

Քանզի ի բառնալ ազգին Արշակունեաց, տիրեցին աշխարհիս Հայոց ազգն Սասանայ պարսկի, որ վարէր զիւր իշխանութիւնն աւրինաւք մոգուց. եւ բազում անգամ մարտնչէր ընդ այնոսիկ՝ որ ոչ ընդ նովին աւրինաւք մտանէին, սկիզբն արարեալ յամացն Արշակայ արքայի որդւոյն Տիրանայ, եւ կռուէր մինչեւ յամն վեցերորդ Արտաշիսի արքայի Հայոց, որդւոյն Վռամշապհոյ։ Եւ իբրեւ զնա եւս մերժեաց ի թագաւորութենէն, ի նախարարսն Հայոց անկանէր թագաւորութիւնն. զի թէպէտ եւ գանձն յարքունիս Պարսկաց երթայր, սակայն այրուձին Հայոց բովանդակ ի ձեռն նախարարացն առաջնորդէր ի պատերազմի։ Վասն որոյ եւ աստուածպաշտութիւնն բարձրագլուխ կամակարութեամբ երեւելի լինէր յաշխարհին Հայոց, ի սկզբան տէրութեանն Շապհոյ արքայից արքայի մինչեւ յամն երկրորդ Յազկերտի արքայից արքայի՝ որդւոյ Վռամայ, զոր եզիտ սատանայ իւր գործակից, եւ զամենայն մթերեալ թոյնսն թափեաց ի բաց, եւ ելից զնա իբրեւ զպատկանդարան դեղեալ նետիւք։ Եւ սկսաւ եղջեւր աձել անաւրէնութեամբ, գոռոզանայր, եւ գոռալով հողմն հանէր ընդ չորս կողմանս երկրի, եւ թշնամի եւ հակառակորդ երեւեցուցանէր իւր զհաւատացեալքս ի Քրիստոս, եւ նեղեալ տագնապէր անխաղաղասէր կենաւք։

Քանզի յոյժ սիրելի էր նմա խռովութիւն եւ արիւնհեղութիւն, վասն այնորիկ յանձն իւր տարաբերէր, եթէ յո՞ թափեցից զդառնութիւն թիւնաւոր, կամ ո՞ւր բացատրեցից զբազմութիւն նետիցն։ Եւ առ յոյժ յիմարութեան իբրեւ զգազան կատաղի յարձակեցաւ ի վերայ աշխարհին Յունաց,

THE PERIOD

After the fall of the Arsacid [dynasty], the Sasanians of Persia ruled over the land of Armenians, and they ruled their principality according to the customs of the *magi*; often oppressing all who did not follow their example [i.e., Zoroastrianism], starting with Arshak [Arsaces II], the son of Tiran [Tigranes VII], all the way until the sixth year of the reign of King Artashes [Artaxias IV], son of Vramshapuh [Bahram-Shapur]. When the king was overthrown, the kingdom fell into the hands of the Armenian *nakharars*; and although the tribute went to the royal Persian court, the cavalry nonetheless remained fully in the hands of the nakharars, who led them to war. And because the fear of God was boldly and voluntarily upheld in the land of Armenians, from the accession of the king of kings, Shapur, until the second year of the reign of the king of kings, Yazdegerd [II]—son of Bahram [V]—who was revealed to be an accomplice of Satan himself, and who poured out his accumulated venom as poisoned arrows from a quiver. And the horn of iniquity began to sound, and the mighty cloud of dust spread over all the four quarters of the earth, and he considered the believers in Christ his enemies and antagonists, and he afflicted and terrorized them with a life of disruption.

Disorder and bloodshed were pleasing to him. Therefore he wavered between whom to spill [his] bitter poison on and where to shoot the multitude of [his] arrows. With immoderate foolishness, like a wild beast he attacked the country of the Greeks,

CHAPTER I

եհար մինչ ի քաղաքն Մծբին, եւ բազում զաւառս Հոռոմոց աւերեաց ասպատակաւ, եւ զամենայն եկեղեցիս հրձիգ արար. կոտորեաց զաւար եւ զգերի, եւ ահաբեկ արար զամենայն զաւրս աշխարհին:

Իսկ երանելին Թէոդոս կայսր, քանզի էր խաղաղասէր ի Քրիստոս, ոչ կամեցաւ ընդ առաջ նորա ելանել պատերազմաւ. այլ այր մի Անատոլ անուն, որ էր նորա սպարապետ արեւելից, առաքեաց առ նա բազում զանձիւք: Եւ արք պարսիկք, որք փախուցեալ էին վասն քրիստոնէութեան եւ էին ի քաղաքի կայսեր, կալաւ եւ ետ ի ձեռս նորա: Եւ զամենայն զոր ինչ ասաց ի ժամանակին՝ կատարեաց ըստ կամաց նորա, եւ արգել զնա ի բազում բարկութենէն, եւ դարձաւ անդրէն ի քաղաքն իւր Տիզբոն:

Եւ իբրեւ ետես անաւրէն իշխանն, եթէ յաջողեցաւ չարութիւն նորա, սկսաւ այլ եւս խորհուրդ յաւելուլ, որպէս ոք զի ի հուր բորբոքեալ յաւելու բազում նիւթս փայտից: Քանզի ուստի սակաւ մի կասկածոտն էր, անտի աներկիւղ հաստատեցաւ. վասն այնորիկ դրդուեցոյց զբազումս ի սուրբ ուխտէն քրիստոնէից, էր՝ զոր բանիւք սպառնալեաւք, էր՝ զոր կապանաւք եւ տանջանաւք, էր՝ զոր չարաչար մահուամբ վախճանէր: Յափշտակութիւն առնէր ընչից եւ արարոց, եւ մեծաւ անարգանաւք տանջէր զամենեսեան: Եւ իբրեւ ետես՝ եթէ վայրատեալ ցրուեցան ի բազում կողմանս, ի խորհուրդ կոչէր զպաշտաւնեայս ձախակողմանն, որք կապեալ էին ի կռապաշտութեանն անլուծանելի հանգուցիւք, վառեալք եւ ջեռեալք իբրեւ զհնոց առ այրել զուխտ սուրբ եկեղեցւոյ:

pressed on as far as the city of Nisibis, despoiled many Roman districts, and set fire to all the churches. He carried off the loot and prisoners after him, instilled terror among all the troops in the land.

Now the blessed Emperor Theodosius [the Younger], being peace-loving in Christ, would not give battle to the enemy. But a man by the name of Anatolius, who was his General of the East, he sent to meet him [Yazdegerd II] with many treasures. And the Persian men who had fled because of Christianity, and found refuge in the royal city, he [Anatolius] seized and delivered into his [Yazdegerd II's] hands. And [Anatolius] agreed to all of his [Yazdegerd II's] demands, appeased his great wrath, and returned to his city Ctesiphon.

When the wicked ruler saw that his iniquity had succeeded, he began to conspire more, as one adds fuel to fire. Knowing now that he was secure, and that all danger of opposition was removed, he proceeded to turn all from the holy Christian covenant; some with mere threats, others with fetters and torments, and others with torturous deaths. He seized property and possessions, and tormented everyone with the grossest injustice. And when he saw that they scattered to many lands, he called an assembly with his left-hand [sinister] ministers who were attached to idolatry by indissoluble bonds, [and who were] ablaze and enraged like a furnace against the faith of the holy church.

CHAPTER I

Քանզի էին իսկ այնպիսիքն բնակեալ ի կեանս իւրեանց իբրեւ ի թանձրամած խաւարի, եւ ոգիքն արգելեալք ի մարմնի իբրեւ զկենդանի ի գերեզմանի, յորս ամենեւին չծագէ նշոյլ սուրբ լուսոյն Քրիստոսի: Նա եւ արջք աւրհասականք ընդ վախճանել շնչոցն հզաւրագոյնք կռուին. յորոց եւ իմաստունքն տեղի տուեալ փախչին ի նոցանէ: Այսպիսի իմն եկեալ հասեալ է վախճան տէրութեանն. եթէ հարկանին՝ չզգան, եւ եթէ հարկանեն՝ չիմանան, եւ իբրեւ ոչ գտանի արտաքին թշնամի, ընդ անձինս իւրեանց մարտ եղեալ կռուին: Ի դէպ իսկ ելանէ բան մարգարէին ի վերայ նոցա, Այր, ասէ, առ քաղցի իւրում շրջեսցի եւ կերիցէ զկէս անձին իւրոյ: Սմին նման եւ Տէրն ինքնին ասէ. Ամենայն տուն եւ թագաւորութիւն՝ որ յանձն իւր բաժանի, ոչ կարէ կալ հաստատուն:

Արդ զի՞ կոծիս, զի՞ մրցիս, զի՞ այրիս, զի՞ բորբոքիս, զի՞ չշիջանիս. զի՞ կոչես ի խորհուրդ զայնոսիկ, որոց զոգիսն ձեր ի ձէնջ քաղեալ՝ հանեալ է զանապականդ յապականութիւն, եւ զապականելի մարմինդ գէշաքարշ արարեալ իբրեւ զազիր մեռելոտի ի բաց ընկեցեալ: Ապաքէն զայդ կամիս, զի ծածկեսցի խորհուրդ ամբարշտութեանդ. տեսջիր յորժամ յայտնեսցի, ապա գիտասցես զելս կատարածի դորա:

Ասեն մոգքն. «Արքայ քաջ, աստուածքն ետուն քեզ զտէրութիւնդ եւ զյաղթութիւն. եւ ոչ ինչ կարաւտ են նոքա մարմնաւոր մեծութեան, բայց եթէ ի մի աւրէնս դարձուցանես զամենայն ազգս եւ ազինս, որ են ի տէրութեան քում. յայնժամ եւ աշխարհին Յունաց հնազանդեալ մտցէ ընդ աւրինաւք քովք: Արդ զմի բան զմեր վաղվաղակի կատարեա

For these people lived their lives as though in dense darkness, with their souls trapped in their bodies as though buried alive in tombs, on which not so much as a ray of the holy light of Christ dawns. And even bears fight most powerfully when faced against death, and the wise give way and flee from them. Such is the death that befell them in their dominion, that they do not feel it if they are struck, and they do not understand when they strike; and when they fail to find an external enemy, they fight amongst themselves. And the following words of the prophet pertain to them: "Man, from hunger, devours half of himself."[3] Likewise, the Lord himself says: "Every house and kingdom that is divided against itself cannot stand."[4]

Now then, why do you mourn, why do you fight, why do you burn, who are you inflamed, why are you not extinguished, why do you confer with those who seize your soul and treat the incorruptible as corruptible, and treat your corruptible body as though it is a repulsive corpse? Indeed, you wish to get rid of impieties: you will see them when they appear, and you will know them when they come to pass.

The magi said: "Valiant King [Yazdegerd II], the gods have given you lordship and victory: they require no mortal honors; but, look to it, that all tribes and nations of your kingdom be brought under one law, after which you will also subject the land of the Greeks to your customs. Now do immediately as we say,

---

3   Isaiah 9:20.
4   Mark 3:24-25.

դու, արքայ. զաւր գումարեա եւ զունդ կազմեա. խաղա գնա դու յերկիրն Քուշանաց. եւ զամենայն ազգս հաւաքեա եւ անցո ըստ Պահ դուռն ի ներքս. եւ դու անդէն արա քեզ բնակութիւն: Յորժամ արզելուս եւ փակես զամենեսեան ի հեռաւոր աւտարութեան, կատարին խորհուրդք կամաց քոց. եւ որպէս երեւիս մեզ ի դենիս մերում, տիրես դու եւ երկրին Քուշանաց, եւ Յոյնք իսկ ոչ ելանեն ընդ քո իշխանութիւնդ: Բայց միայն զաղանդ քրիստոնէից բարձ ի միջոյ»:

Հաճոյ թուեցաւ խորհուրդն թագաւորին եւ մեծամեծացն, որ էին ի նմին բանի. հրովարտակս գրէր, պնդադեսպանս արձակէր յամենայն տեղիս տէրութեան իւրոյ: Եւ այս է պատճէն հրովարտակին.

> «Առ ամենայն ազգս տէրութեան իմոյ՝ արեաց եւ անարեաց, բազմացի ի ձեզ ողջոյն մարդասիրութեան մերոյ. դուք ողջ լերուք, եւ մեք մեզէն ողջ եմք դիցն աւգնականութեամբ: Առանց զձեզ ինչ աշխատ առնելոյ խաղացաք գնացաք յերկիրն Յունաց, եւ առանց գործոյ պատերազմի սիրով մարդասիրութեամբ նուաճեցաք զամենայն երկիրն մեզ ի ծառայութիւն: Դուք զբարի զմտաւ ածէք, եւ անսպառ լերուք յուրախութեան. բայց զայս բան կատարեցէք վաղվաղակի, զոր ասեմ: Մեք ի մտի եդաք անվրէպ խորհրդովք խաղալ գնալ յաշխարհն արեւելից,

King; gather an army, and equip your troops, and set out against the land of the Kushans. Assemble all the nations and lead them within the *Pah Durr'n* ("Gate of the Guard"), and set up camp there. When you hold them all fast in a distant foreign land, the object of your wishes will be attained. If you glorify us in our faith, then you will rule over the land of the Kushans, and not even the Greeks will make inroads into your territory. But only destroy the Christian sect!"

The advice was pleasing to the king, and to all the nobles at the council. He wrote an edict, and dispatched messengers to all parts of the kingdom. This is a copy of the edict:

> *"To all the peoples of my kingdom, Aryans and non-Aryans [Iranians and non-Iranians], many greetings to you all from our benevolence. May it be well with you, and may it be well with us, by the help of the gods. Without troubling you at all, we went forth to the land of the Greeks, and without making war we benevolently submitted the whole country in vassalage to us. Be of good cheer and rejoice unboundedly; but immediately fulfill the following: We have formed an unfailing resolution march on the land of the East,*

աստուածոցն ազնականութեամբ դարձուցանել ի մեզ զտէրութիւնն Քուշանաց. դուք իբրեւ զհրովարտակս զայս տեսանէք, անխափան վաղվաղակի այրուձի գումարեցէք առաջոյ քան զիս, յանդիման լինիջիք ինձ յԱպար աշխարհին»:

Ըստ այսմ պատճենի հրովարտակ եհաս յաշխարհն Հայոց, ի Վրաց եւ յԱղուանից, եւ ի Լփնաց, ի Ծաւդէից եւ ի Կորդուաց, յԱղձնեաց եւ բազում այլ տեղեաց հեռաւորաց, որոց ոչ էին աւրէնք երթալ զայն ճանապարհ յառաջ ժամանակաւ: Գունդ կազմէր ի Հայոց Մեծաց զազատ եւ զազատորդի, եւ յարքունի տանէ զոստանիկ մարդիկ. ըստ նմին աւրինակի ի Վրաց եւ յԱղուանից եւ յաշխարհէն Լփնաց, եւ որ այլ եւս ի կողմանց կողմանց հարաւոյ մերձ ի սահմանս Տաճկաստանի եւ ի Հոռոմոց աշխարհն եւ ի Կորդուաց եւ ի Դասն եւ ի Ծաւդէ եւ յԱրզնարզին, որք էին ամենեքեան հաւատացեալք եւ մկրտեալք ի մի կաթողիկէ եւ առաքելական եկեղեցի:

Եւ անմեղութեամբ ոչ գիտացեալ զերկդիմի միտս թագաւորին՝ խաղացին գնացին յիւրաքանչիւր աշխարհաց լրջմտութեամբ եւ տիրասէր խորհրդովք, կատարել զպաս զինուորութեան աներկբայ հաւատովք: Բարձին եւս ընդ իւրեանս զաստուածային զուրբ կտակարանսն բազում պաշտաւնէիւք եւ քահանայիւք: Բայց հրաման տուեալ աշխարհի՝ ոչ իբրեւ յակնկալութիւն կենաց, այլ իբրեւ ի

and, by the help of the gods, to return the
Kushans back to our rule. Regard this as a de-
cree: you will immediately, and without de-
lay, assemble your cavalry before me, so that
you may be with me to the country of Apar
[Khorasan]."

Now this edict reached the lands of the Armenians, the Georgians and the Aghuans, and of the Lp'ink, the Tsavdians and the Korduk, the Aghtsnians and to many other lands which in former times were not obliged to join in these expeditions. A legion of nobles and their sons organized in Greater Armenia, and of nobles of the royal house, along with those from Georgia [Iberia], Aghuank and the land of the Lp'ink, from the lands to the south as far as the border of Tachkastan, as well as from the lands of the Romans, the Korduk, the Das'nik, the Tsavdēians, and Arznarziv, who were all believers and had been baptized in the one catholic and apostolic church.

Out of innocence, they had not suspected the two-faced design of the king: they went forth, each from his land, cheerfully and with God-loving thoughts, fitted out with all necessary armaments. Together with them were also many deacons and priests, along with the holy testament of God. Yet the edict was presented to the country, not in the expectation of life, but as

CHAPTER I

վճարումն վախճանի, յանձն առնելով միմեանց զոգիս եւ զմարմինս։ Զի թէպէտ եւ խորհուրդ թագաւորին չէր յայտնեալ նոցա, սակայն կարծիք ի մտի էին ամենեցուն. մանաւանդ իբրեւ բեկեալ տեսանէին զզաւրութիւնն Յունաց առաջի նորա, յոյժ հարեալ խոցեցան ի խորհուրդս իւրեանց։

Բայց քանզի պատուիրանապահք էին սուրբ կտակարանացն Աստուծոյ, hանապազ յիշէին զպատուիրեալսն ի Պաւղոսէ, եթէ Ծառայք, hպատակ լերուք տերանց ձերոց մարմնաւորաց. մի՛ սուտակսապաք եւ առաչս աչառելով. այլ սրտի մտաւք ծառայեցէք իբրեւ Աստուծոյ եւ մի՛ իբրեւ մարդկան. քանզի ի Տեառնէ է հատուցումն արդար վաստակոց ձերոց։

Եւ այսու ամենայնիւ բարեմտութեամբ յուղարկեալք յաշխարհէ եւ յանձն եղեալք սուրբ Հոգւոյն, յանդիման լինէին՝ փութով կատարեալ զհրամանն, եւ զամենայն արարեալ ըստ կամաց նորա։ Յոյժ ուրախ լինէր թագաւորն, իբր այն եթէ կատարեցան կամք կարծեաց նորա. եւ ահա առնէր ընդ նոսա զայն ինչ, զոր պաշտաւնեայքն ամբարշտութեան նորա խրատեցին։

Ապա իբրեւ ետես թագաւորն զամենայն կազմութիւն եւ զբազմութիւն զնդին բարբարոսաց, որք սրտի մտաւք եկեալ էին ի վաստակ արքունի, առաւելապէս եւս ուրախ լինէր առաջի մեծամեծացն եւ ամենայն բազմութեան զաւրաց իւրոց։ Ի վերին երեսս թաքուցանէր զկամս մտաց իւրոց, եւ ակամայ առատապէս պարգեւէր զնոսա։ Խաղաց գնաց միանգամայն ի վերայ տէրութեան Հոնաց աշխարհին, զոր Քուշանս անուանեն. եւ զերկեամ մի կռուեալ՝

a debt to death: soul and body were both to be destroyed together. For although the king had not presented his intent to them, the possibility was now in everyone's mind. Chiefly because they had seen the strength of the Greeks shattered before him, they were greatly troubled in their thoughts.

But they were obedient to the holy testament of God, and continually reminded of the commandments of Paul: "Be obedient servants to your earthly masters; be not opposed to them, but show them homage; serve them in love, as though you were serving God and not man: for the Lord shall reward you for all your pains".[5]

Nonetheless, they left their country benevolently and submitted themselves to the Holy Spirit and were ready to immediately comply with [the king's] orders, and to carry out all things according to his will. The king rejoiced greatly when they fulfilled his will and proceeded to do with them as he had been advised by the ministers of wickedness.

When the king saw this whole assembly of barbarian troops, who had cheerfully hastened to the royal service, he displayed great satisfaction once more before the nobles and his entire army. He concealed his intentions, and unwillingly showered gifts upon them. He set out at once against the kingdom of the Huns, who are called Kushans; and, despite two years of war,

---

5   Ephesians 6:5-9.

ոչ ինչ կարաց ազդել նոցա: Ապա արձակեաց զմարզիկսն յիւրաքանչիւր տեղիս, եւ զայլս փոխանակ նոցա առ իւր կոչեաց նովին պատրաստութեամբ: Եւ այսպէս ամ յամէ սովորութիւն կարգեաց, եւ իւր անդէն քաղաք բնակութեան շինեաց, սկսեալ ի չորրորդ ամէ տէրութեանն իւրոյ մինչեւ յամն մետասաներորդ թագաւորութեանն:

Եւ իբրեւ ետես, եթէ հաստատուն կացին Հոռոմք յուխտին իւրեանց, զոր եդին ընդ նմա, եւ դադարեցին Խայլնդուրք ելանել ընդ պահակն Ճորայ, եւ յամենայն կողմանց խաղաղութեամբ բնակեաց աշխարհ նորա, եւ ի նեղ եւս էարկ զթագաւորն Հոնաց, քանզի աւերեաց զբազում գաւառս նորա եւ յաջողեցաւ տէրութիւն նորա, աւետաւորս առաքեաց ընդ ամենայն ատրուշանս աշխարհին իւրոյ. ցլուք սպիտակաւք եւ զիսաւոր նոխազաւք առատացոյց զզոհս կրակի, եւ խիտ առ խիտ թանձրացոյց անդուլութեամբ զպաշտաւն պղծութեան իւրոյ. պսակաւք եւ պատուովք մեծարեաց զբազումս ի մոգաց եւ զբազմագոյնս ի մոգպետաց: Ետ եւս հրաման յափշտակել զամենայն ինչս քրիստոնէից եւ զստացուածս, որք էին ի մէջ Պարսկաց աշխարհին:

Եւ այսպէս հպարտացաւ բարձրացաւ ի միտս իւր, ի վեր քան զմարդկային բնութիւն ընդվզեալ ապարթանէր ոչ միայն յիրս մարմնական պատերազմացն, այլ մեծ ումն զինքն կարծէր քան զբնութիւն հայրենի կարգին. վասն այնորիկ կեղծաւորութեամբ թագուցանէր զինքն ըստ կարծեացն, եւ որպէս երեւէր իմաստնոցն, յանմահից իմն կարգի դնէր զինքն:

he was unable to have any effect on them. Then he released the troops, each to his own place, and in their place summoned others for preparations. And thus he established a custom year after year, and there be built himself a city to live in, starting from the fourth year of his reign until the eleventh year.

When the king saw that the Romans remained true to their oath to him and that the *Khayl'ndurk*[6] had stopped crossing the gate of Chor—that peace reigned throughout all his dominions and had left the king of the Huns in greater straits, since he devastated many of his provinces, and succeeded over his dominion, he sent the joyful tidings to all the fire-temples in his land, he brought white bulls and long-haired goats and sacrificed them abundantly to the fire, and unceasingly multiplied the officials of impurity; he honored the magi, more particularly *mogbeds*, with crowns and other marks of distinction. He then intercepted an order addressed to the Christians who were in the land of the Persians.

And he became so proud and arrogant in his mind that he haughtily exalted himself above human nature, not only in physical warfare, but he also held himself as above the nature of his paternal rank; for from that day he duplicitously concealed his intention; and, as it appeared to be wise [to do so], he placed himself in the rank of the immortals.

---

6   The royal legions of the Caucasian Huns.

CHAPTER I

Եւ յոյժ էր ցաւուցեալ ընդ անունն Քրիստոսի, յորժամ լսէր՝ թէ տանջեցաւ, խաչեցաւ, մեռաւ եւ թաղեցաւ:

Եւ իբրեւ այսպէս աւր ըստ աւրէ ի սոյն միտս ցնորեալ դանդաչէր, մի ոմն մանկագոյն ի նախարարացն Հայոց ընդդէմ բանս եդ եւ ասէ. «Արքայ քաջ, դու ուստի՞ զիտես զայդպիսի բանս խաւսել զՏեառնէ»: Ետ պատասխանի թագաւորն եւ ասէ. «Իմ իսկ առաջի ընթերցան զգիրս մոլորութեան ձերոյ»: Ետ պատասխանի անդրէն պատանեակն եւ ասէ. «Ընդէ՞ր, արքայ, ցայդ վայր միայն ետուր ընթեռնուլ. այլ յառաջ եւս մատո զկարդացումն, եւ լսես անդ զյարութիւնն, զյայտնութիւնն առ բազումս, զվերացումն յերկինս, զնստելն ընդ աջմէ Հաւր, զխոստումն երկրորդ գալստեանն՝ զիրաշակերտ յարութիւնն առնելով բոլորեցունց. զհամառաւտ հատուցմունսն արդար դատաստանին»: Իբրեւ լուաւ զայս թագաւորն, ի խոր խոցեալ՝ վեր ի վերոյ ծիծաղեցաւ եւ ասէ. «Այդ ամենայն խաբէութիւն է»: Ետ պատասխանի զինուորն Քրիստոսի եւ ասէ. «Եթէ հաւատարիմ են քեզ մարմնաւոր չարչարանքն նորա, հաւատարմագոյն եւս լիցի քեզ երկրորդ ահաւոր գալուստն նորա»:

Եւ զայս լսելով թագաւորին՝ բորբոքեցաւ իբրեւ զհուր հնոցին ի Բաբիլոն, մինչ եւ իւրքն իսկ անդէն դեռ եւս իբրեւ զքաղդէացիսն այրեցեալ լինէին:

Յայնժամ զբոլոր բարկութիւն սրտմտութեանն եհեղ յայրն երանելի, որում անուն էր Գարեգին: Կապեալ ոտիւք եւ կապեալ ձեռաւք զերկեամ մի տուաւ ի չարչարանս, եւ հանեալ ի բաց զտէրութիւնն ի նմանէ՝ ընկալաւ զվճիռ մահու:

He then uttered great reproaches against the name of Christ, when he understood that the Lord had been tortured and crucified, and that he died and was buried.

As the king daily boasted and raved, one of the youthful nakharars of the Armenians one day directed his speech to him, and said, "Valiant king, how do you know these words which you utter against the Lord?" The king replied, "They have read your aberrant books [Scripture] before me." The youth replied, "Why, king, did you only read so far? Continue reading further and you will hear of the resurrection, the epiphany, [His] ascension to heaven, His seat at the right-hand of the Father; His promise of His second coming, and the miraculous resurrection of all; in a word, of the reward of the just Judgement." When the king heard this, he was deeply struck, and laughed and laughed, and said, "That is all deceit." The soldier of Christ replied, and said, "If you find his human suffering believable, so too you must believe in His fearsome second coming."

And having heard these words, the king burnt like the fire of the furnace in Babylon, and likewise those there present were aflame as the Chaldeans had been.

Then the full measure of his rage poured angrily upon the blessed man, whose name was Karekin. Fettering his feet and binding his hands, he put him to torture for two years, then deprived him of his rank, and had him killed.

ԻՐԱՑՆ ՊԱՏԱՀՈՒՄՆ ՅԻՇԽԱՆԷՆ ԱՐԵՒԵԼԻՑ

Որոց ոգիքն թուլացեալ են յերկնաւոր առաքինութենէն՝ յոյժ ընդ աւիւ անկեալ է բնութիւն մարմնոյ. յամենայն հողմոյ շարժի, եւ յամենայն բանէ խռովի, եւ յամենայն իրաց դողայ. երազագէտ է այնպիսին ի կեանս իւրում, եւ յանգիւտ կորուստն յուղարկի ի մահուան իւրում: Որպէս եւ ասաց ոմն ի հնումն, մահ ոչ իմացեալ՝ մահ է, մահ իմացեալ՝ անմահութիւն է: Որ զմահ ոչ գիտէ, երկնչի ի մահուանէ. իսկ որ գիտէ զմահ, ոչ երկնչի ի նմանէ:

Եւ այս ամենայն չարիք մտանեն ի միտս մարդոյ յանուսումնութենէ: Կոյր զրկի ի ճառագայթից արեգական, եւ տգիտութիւն զրկի ի կատարեալ կենաց: Լաւ է կոյր աչաւք քան կոյր մտաւք: Որպէս մեծ է ոգի քան զմարմին՝ այսպէս մեծ է տեսաւորութիւն մտաց քան զմարմնոց:

Եթէ ոք կարի առաւելեալ իցէ աշխարհական մեծութեամբ, եւ մտաւքն աղքատագոյն, այնպիսին ողորմելի է քան զբազումս. որպէս եւ տեսանեմք իսկ՝ ոչ միայն ի չափաւոր մարդիկ, այլ եւ յոր մեծն է քան զամենայն: Թագաւոր եթէ ոչ ունի զիմաստութիւն աթոռակից իւր, ոչ կարէ ի վիճակին իւրում վայելուչ գոլ: Իսկ եթէ առ մարմնաւորս այսպէս, ո՞րչափ եւս առաւել առհոգեւորն:

Բոլոր մարմնոյս հոգի է կենդանութիւն, իսկ մարմնոյ եւ հոգւոյ միտք են կառավար. եւ որպէս առ մի մարդ՝ այսպէս առ բոլոր աշխարհս: Թագաւոր ոչ զիւրն միայն տացէ պարտիս, այլ եւ որոց եղեւ պատճառք ի կորուստ:

THE THINGS THAT HAPPENED
BECAUSE OF THE RULER OF THE EAST

Those whose souls are slack in heavenly virtue have had their corporeal natures fall into fear; shaken by every wind, perturbed by every word, made to tremble at anything; such a person dreams throughout life and is sent to his irretrievable destruction at death. As someone said in the old days, *"Death without understanding is mortality; death understood is immortality."* He who does not know death fears it, but he who knows death is not afraid of it.

And all these evils enter people's minds through a lack of learning. As blindness deprives one from the light of the sun, so does ignorance deprive one from a complete life. It is better to be blind in the eyes than to be blind in the mind. For just as the soul is greater than the body, so too is the vision of the mind greater than that of the body.

If one can abound in worldly greatness, and be poor in mind, then he is more pitiable than most people; we see the same not [only] among common people, but also with [the One] who is greater than all. If a king does not have wisdom in proportion to [the greatness of] his throne, he cannot be fit for his position. And if it is so in the physical realm, then it is much more so in the spiritual!

The entire body is animated by the soul, and the body and the soul are driven by the mind, and it is thus for one man as it is for all the world. A king is not only responsible for himself, but also for those whom he has been a cause of destruction.

Բայց մեք թէպէտ եւ ոչ ունիմք հրաման բամբասել զիշխանս, եւ ոչ գովողք կարեմք լինել այնմիկ՝ որ աստուածամարտն լինիցի։ Այլ զանցսիրացն պատմեմ, որ ի նմանէ ընդ սուրբ եկեղեցիսն էանց, եւ ոչ դանդաղիմ. ոչ բամբասասէր մտաւք, այլճշմարտութեամբ զելս իրացն ասելով ոչ լռեցից։ Ոչ ի կարճ ընդոստուցեալ, եւ ոչ ի լուր զարթուցեալ. այլ ես ինքնին անձամբ անդէն ի տեղւոջն պատահեցի եւ տեսի եւ լուայ զձայն բարբառոյ յանդգնաբար խաւսելով. իբրեւ զհողմ սաստիկ՝ զի բախիցէ զծով մեծ, այնպէս շարժէր եւ տատանէր զամենայն բազմութիւն զաւրաց իւրոց։ Եւ հանդէս առնէր ամենայն ուսմանց, եւ ընդաճէր զմոգութիւնն եւ զքաւղէութիւնն եւ զամենայն ուսմունս աշխարհին իւրոյ։ Արկանէր ի ներքս եւ զքրիստոնէութիւն կեղծաւորութեամբ, եւ ասէր զայրացեալ մտաւք. «Հարցէք, քննեցէք, տեսէք. թող որ լաւն է՝ընտրեալ կալցուք»։ Եւ փութայր որ ինչ ի մտին էր, զի վաղվաղակի կատարեսցէ։

Իսկ ի կողմանց կողմանց քրիստոնեայքն, որ ի զաւրուն էին, իմացան զհուրն որ ի ծածուկ վառեալ բորբոքէր, եւ կամէր հրդեհել զլերինս եւ զդաշտս առհասարակ։ Ջեռան եւ նոքա անծախական հրոմս, եւ սաստկապէս պատրաստեցան առ ի փորձութիւն զաղտնի մեքենայիցն։ Սկսան այնուհետեւ բարձր բարբառով, սաղմոսիւք եւ երգովք հոգեւորաւք եւ մեծապայծառ վարդապետութեամբ յայտ յանդիման մեծի բանակին զպաշտաւնն ցուցանել. եւ աներկիւղ առանց զանգիտելոյ՝ ո՛ք եւ երթայր առնոսա, ուսուցանէին կամակար։ Եւ Տէր յաջողէր նոցա նշանաւք եւ արուեստիւք. քանզի բազում հիւանդք ընդունէին զբժշկութիւն ի հեթանոսական զաւրուէն։

But although we are not permitted to speak against the ruler, neither can we praise a man who will fight against God. Now let me recount what happened because of what he did against the holy church, and let me not delay; not with the intention of condemning, but [so as] not to be silent from delivering the truth, neither to jump to opinions nor to awaken rumors. I myself happened to be there and saw and heard the sound of his impudent voice. As the powerful wind stirs the great sea, so too he roused and excited his numerous troops. And he took examination of all their doctrines, and grew Magiansm, divination and all the doctrines in his land. He deceitfully brought up Christianity among [these doctrines], and said with rage: "Ask, examine, observe, and let us choose and retain that which is good." And he hurried to immediately fulfill what was in his mind.

Then from all sides the Christians who were in the army recognized that the fire that had been burning in secret, and [that] threatened to burn up the hills and plains. They too burned with an unquenchable fire, and boldly prepared themselves for the trials of his [Yazdegerd II's] secret machinations. They began thereafter to sing psalms and other spiritual songs with a loud voice, and performed brilliant [doctrinal] teachings and [acts of] worship across from the great army; fearlessly and without ignorance, they willfully taught anyone who came to them. And the Lord prospered them with signs and wonders, for many of those who were ill in the army of the heathens were healed.

CHAPTER II

Իսկ անաւրէն իշխանն իբրեւ գիտաց եթէ յայտնեցաւ խորամանկութիւն խորհրդոյն, եւ պատրաստեալ հուրն՝ մինչչեւ ուրուք ի նա փչեալ՝ վառումն նորայայտնի իմացաւ երկիւղածացն Աստուծոյ, սկսաւ ծածուկ նետիւք խոցոտել զմիտս իւրոյ չարութեանն. եւ անբժշկական վէրս յոգիս եւ ի մարմինս տեսանէր: Մերթ շանթէր զալարէր իբրեւ զաւձ թիւնաւոր, մերթ պարզէր գոչէր իբրեւ զառիւծ զայրացեալ. զելոյր, զլորէր, տապալէր երկդիմի մտաւք եւ զխորհուրդս կամացն կամէր կատարել: Քանզի ձեռն արկանել եւ ունել ոչ կարէր, վասն զի ոչ էին համագունդ ի միում վայրի առ նմա, սկսաւ այնուհետեւ յառաջ կոչել զկրսերս յաւագաց եւ զանարգս ի պատուականաց եւ զտգէտս ի գիտնոց եւ զանարիս ի քաջ արանց. եւ զի՞ մի մի թուիցեմ, այլ զամենայն զանարժանսն յառաջ մատուցանէր եւ զամենայն զարժանաւորսն յետս տանէր. մինչեւ զհայր եւ զորդի քակէր ի միմեանց:

Թէպէտ եւ ընդ ամենայն ազգս առնէր զանկարգութիւնս զայս, առաւել ընդ Հայոց աշխարհին մարտնչէր. քանզի տեսանէր զնոսա ջերմագոյնս յաստուածպաշտութեան, մանաւանդ որք էին յազգէ նախարարացն Հայոց, եւ անմեղութեամբ ունէին զսուրբ քարոզութիւն առաքելոցն եւ զմարգարէից: Պատրէր զոմանս ի նոցանէ ոսկւով եւ արծաթով, եւ զբազումս այլով եւս առատ պարգեւաւք. իսկ զոմանս ագարակաւք եւ մեծամեծ գեղաւք, զոմանս պատուովք եւ իշխանութեամբք մեծամեծաւք: Եւ այլ եւս սնոտի յոյս

When the unbelieving ruler saw that his cunning purpose had become known, and that the fire he had prepared became known to those who fear the Lord before anyone had [even] blown on it, he began to secretly wound his own evil mind with hidden arrows, and saw incurable wounds to his soul and body. Partly bursting and coiling like a poisonous serpent, partly rising and roaring like a raging lion: He writhed, twisted and turned in his duplicitous mind and slowly willed to fulfill his intention. He could not lay his hands on them [the Christians], for they were not all assembled at hand in the same place; wherefore, he started calling upon the youth over the elders, the contemptible over the honorable, the ignorant over the knowledgeable, the cowards over the brave—and why should I enumerate these? For all the unworthy he promoted, and the worthy he relegated, so that even father and son were sundered from each other.

While he caused disorder in every nation, he fought the Armenians more than all, for he observed that they were the most zealous in the service of God—especially those who were from the families of the nakharars, and [who] earnestly took to the holy sermons of the apostles and prophets. [Nonetheless,] he persuaded some of them with gold and silver, and others with many presents; some with farms and large villages, and others with honors and great authority. And he put other vain hopes

ոգւոց առաջին դնէր. եւ այսպէս հրապուրէր եւ յորդորէր հանապազ. «Եթէ միայն, ասէ, զաւրէնս մոգութեան յանձին կալջիք, եւ զձեր մոլորութիւնդ սրտի մտաւք դարձուսջիք ի ճշմարտութիւն երեւելի մերոց դից աւրինացս, ի մեծութիւնս եւ յաւագութիւնս հասուցից հաւասար իմոյ սիրելի նախարարացս, եւ առաւել եւս զանցուցից»: Եւ այսպէս կեղծաւորութեամբ խոնարհեցուցանէր զինքն առ ամենեսեան, խաւսելով ընդ նոսա ի պատճառս սիրոյ, զի խորամանկութեամբ որսալ մարթասցէ զնոսա ըստ առաջին խորհրդականացն խրատուց: Եւ զայս առնէր սկսեալ ի չորրորդ ամէն մինչեւ մետասաներորդ ամս իւրոյ տէրութեանն:

Եւ իբրեւ ետես եթէ ոչինչ յարգեցաւ ծածուկ հնարագիտութիւնն, այլ ընդդէմքն յոլովագոյն գործէին, քանզի տեսանէր զքրիստոնէութիւն, որ աւրքան զաւր յորդեալ տարածանէր ընդ ամենայն կողմանս հեռաւոր ճանապարհին ընդ որ ինքն անցանէր, սկսաւ հաշել եւ մաշել եւ հառաչելով յոգւոց հանել: Յայտնեաց ակամայ զծածուկ խորհուրդսն. ետ հրաման բարձր բարբառով եւ ասէ. «Ամենայն ազգ եւ լեզուք՝ որ են ընդ իմով իշխանութեամբ՝ դադարեսցեն յիւրաքանչիւր մոլոր աւրինաց, եւ միայնոյ եկեսցեն յերկրպագութիւն արեգական, զոհս մատուցանելով եւ աստուած անուանելով, եւ սպաս ունելով կրակի. եւ ի վերայ այսր ամենայնի եւ զմոգութեան աւրէնս կատարելով, զի մի՛ ինչ ամենեւին պակաս առնիցեն»:

Զայս ասելով քարոզ կարդայր ի մեծի կարաւանին, եւ պատուէր սաստիւ ի վերայ դնէր ամենեցուն. եւ դեսպանս ստիպաւ արձակէր յամենայն ազգս հեռաւորս, զդոյն պատուէր հրամանի առ ամենեսեան արկանէր:

before their souls, and that's how he continued to bribe and exhort them: "If only," he said, "you would conform yourselves to Magian customs, and turn from your error to the worship of our prominent divinities, you would then stand equal to my own dear nobles in greatness and distinction, and I would exalt you still higher." Thus, he humbled himself deceitfully before them all, speaking on the pretext of love so that he might trap them with tricks, according to the initial counsel of [his] advisors. And he did this from the fourth to the eleventh year of his reign.

However, when he observed that nothing was gained by his secret devices—and [on the contrary], that his opponents did more, for he saw that Christianity grew daily stronger, and spread itself through all parts of the distant countries through which he had passed—he became sullen, and worn out, and sighed and sighed. He unwittingly revealed his secret intention, commanding with a loud voice: "All peoples and tongues throughout my dominions must abandon their errant customs, and only worship the sun, offering sacrifices [to it], calling it god and administering the fire cult; and on top of all this, fulfilling all the other Magian ordinances, and nothing less."

Saying this, he read a sermon to the great multitude of the army and gave strict commands to all. Ambassadors were quickly sent to all the distant nations, and the same command was given to all.

CHAPTER II

Արդ ի սկզբան երկոտասաներորդ ամի թագաւորութեան իւրոյ գունդ կազմէր անհամար բազմութեամբ, յարձակեալ հասանէր յերկիրն Իտաղական։ Զայս տեսեալ թագաւորին Քուշանաց՝ ոչ հանդուրժէր ելանել ընդ առաջ նորա պատերազմաւ. այլ խոյս տուեալ ի կողմանս ամուր անապատին, թագստեամբ ապրէր հանդերձ ամենայն զաւրաւքն իւրովք։ Իսկ սաասպատակ արձակէր զաւառաց, տեղեաց, վայրաց. առնոյր զբազում բերդս եւ զքաղաքս, եւ կուտէր զգերին, զառ եւ զապուռ եւ զաւար, ածէր հասուցանէր յերկիր իւրոյ տէրութեանն։

Եւ անդ այնուհետեւ յընդունայն եղեալ ի նոյն խորհուրդս՝ հաստատէր ի կարծիս մոլորութեան, ասելով ցպաշտաւնեայս ամբարշտութեանն. «Զի՞նչ հատուսցուք մեք աստուածոցն փոխանակ այս մեծ ի յաղթութեանս, որ ոչ ոք կարաց ելանել ընդդէմ մեր պատերազմաւ»։ Յայնմ ժամանակի առ հասարակ մոգք եւ քաւդեայք բարձին զձայնսիւրեանց միաբան եւ ասեն. «Աստուածքն որ ետուն քեզ զտէրութիւն եւ զյաղթութիւն ի վերայ թշնամեաց քոց, ոչ ինչ են կարաւտ խնդրել ի քէն յերեւելի պատուականացս, այլ զի բարձցես զամենայն ուսմունս մոլորութեան մարդկան, եւ ի մի դարձուսցես աւրէնս զրադաշտական պատուիրանին»։

Հաճոյ թուէր բանն առաջի թագաւորին եւ ամենայն մեծամեծացն, մանաւանդոր էին առաջակայք աւրինացն։ Խորհուրդ ի մէջ առեալ յաղթէր խրատն։ Անդէն ի ներքոյ Պահ դրանն արգելոյր զբազմութիւն այրուձիոյն Հայոց եւ զՎրաց եւ զԱղուանից, եւ զամենեցուն՝ որ էին հաւատացեալ ի սուրբ

At the beginning of the twelfth year of his reign he assembled an innumerably large army and entered the land of Itaghakan. When the king of the Kushans saw this, he could not stand to go before them in battle, so he took flight toward the dense wildernesses, and thus escaped, together with his whole army. Hereupon, [Yazdegerd II] sent troops into all the provinces, places and lands [of the Kushans]: He seized many fortresses and cities, gathered captives, took spoils and plunder, and bore them away to his dominion.

Thereafter, following the same vain intention, he held firm to his stray thoughts, telling his impious ministers: "What shall we give the gods in exchange for this great triumph, such that no one was able to stand against us in battle?" At this time the magi and astrologers raised their voices in unison and said: "The gods, who have given you empire and victory over your enemies require no other signs of homage from you than that you should banish all errant doctrines of man, and turn [their] customs to the commandment of Zoroaster."

This speech found favor before the king and all the grandees, and especially those of the highest religious rank. They took counsel and that advice was favored. Then within the Gate of the Guard he enclosed the host of Armenian, Georgian and Aghuan cavalry, and all those who were believers in the holy

աւետարանն Քրիստոսի։ Եւ հրաման սաստիւ դռնապանացն առնէին, եթէ որ յարեւելս առ մեզ գայցէ՝ թողցեն, իսկ յարեւելից յարեւմուտս անանց լիցի ճանապարհ։

Եւ իբրեւ արգել եւ փակեաց զնոսա յամուր եւ յանել գառագիղն,—եւ յիրաւի ասացի ամուր եւ անել, քանզի չիք անդ տեղի փախստի եւ թաքստի, վասն զի շուրջանակի թշնամիք են բնակեալ,—յայնմ ժամանակի ձեռն արկանէրի նոսա, եւ մեծաւ չարչարանաւք եւ պէսպէս տանջանաւք վատթարէր զքազումս ի նոցանէ, եւ ստիպէր ուրանալ զճշմարիտն աստուած, եւ խոստովանել զերեւելի տարերս։ Իսկ զաւրականքն առհասարակ գեղեցիկ խորհրդով, քաջապէս զաւրութեամբ միաբան աղաղակէին եւ ասէին. «Վկայ են մեզ երկինք եւ երկիր, որ ոչ երբէք հեղ գացեալ եմք յարքունի վաստակս, եւ ոչ խառնեալ վատութիւն ընդ արութիւն քաջութեան. ի զուր եւ անողորմ են հարուածքս ի վերայ մեր»։

Եւ բազմանայր գոչումն աղաղակի նոցա, մինչեւ ինքնին թագաւորն ականատես լինէր իրացն յանդիմանութեան, եւ անդէն վաղվաղակի երդմամբ հաստատէր եւ ասէր. «Ոչ թողացուցից ձեզ, մինչեւ կատարեսջիք զամենայն կամս հրամանաց իմոց։

Եւ ահա իշխանութիւն առեալ չարասէր սպասաւորացն, զի զչորս զինուորսն ի բուն աւագացն մատուսցեն ի փորձութիւն տանջանացն։ Եւ զառաջեաւ դատեալ բազում հարուածովք, նովին կապանաւք անցուցին ի տեղիս արգելանին։ Իսկ այլոցն խաբէութեամբ առ ժամանակ մի թողութիւն արարեալ, եւ զամենայն փասուն պատճառս արկանէր զկապելովքն. եւ զայս առնէր սատանայական խրատուն։

gospel of Christ. And the gatekeepers received strict orders to let all those pass who should come eastward to us, but to block the road for those traveling from east to west.

When they were thus hemmed in their strong and inescapable prison—and truly strong and inescapable, for there was nowhere to run or hide, as the enemy dwelt all around—then he put his hands on them, inflicting great pains and various tortures, that they might be forced to deny the true God, and to confess [their faith in] the visible elements. But the soldiers with beautiful thoughts and brave strength cried out together and said: "Heaven and earth are our witnesses that we have never been wanting in our duty to the king, nor have we ever mixed cowardice with bravery and courage; these blows are vain and cruel."

This wailing resounded on every side, until the king himself witnessed with his own eyes the proceedings, then he immediately vowed and said: "I will not set you free until, conformably to my will, you fulfill my commands."

And then his malicious servants received authority to subject four soldiers from among the natural *avags* to tribulations and tortures. At first, he condemned them with many beatings, and then he cast them chained into prison. The others, he deceitfully remitted for a time, putting all the blame of harm on the prisoners. He did this with satanic direction.

CHAPTER II

Եւ յետ երկոտասան աւուրս հրաման տայր ընթրիս գործել առատութեամբ եւ աւելի քան զաւուրց սովորութիւն, եւ կոչէր զբազումս ի զինուորական քրիստոնէիցն: Եւ ի ժամ զահուն պատրաստութեան զիւրաքանչիւր տեղի շնորհէր նոցա զբազմականին. եւ սիրով խոնարհութեամբ խաւսէր ընդ նոսա ըստառաջնում կարգին, զի թերեւս հաւանեսցին ուտել զմիս զոհեալ, զոր ոչ էր երբէքաւրէն ուտել քրիստոնէից: Իբրեւ ոչ կալան յանձին ամենեքին, ոչ ինչ կարի ստիպեաց, այլ հրամայեաց մատուցանել նոցա զսովորական կերակուրն, եւ առաւել զինեաւքն յաւելոյր ի տաճարին զխրախութիւն:

Եւ անտի ի դուրս ելեալ ի սրահին արքունի, արգելին զոմանս ի նոցանէ ձեռս յետս կապելով, եւ զխոնջանունսն կնքելով եւ զգուշութեամբ պահելով՝ էր որ զերկուս աւուրս, եւ էր որ զերիս: Բազում եւ այլ եւս յանարժան հարուածս չարչարէին, զոր եւ ոչ ընդ գրով իսկ արժանի համարեցաք արկանել: Եւ զոմանս ի նոցանէ հեռացուցին եւ քարշեցին յազնուական պատույն անարգեալ:

Եւ զունդս զունդս դարձեալ զումարէին ի նոցանէ յեր-կիր հեռաւոր ՝յամուրս անապատին՝ ի մարտ պատերազմի թշնամեացն արքայի. եւ բազմաց իսկ անդէն հասանէր վախ-ճան մահու սրով: Եւ զամենեցուն զկարգեալ թոշակն նուա-զեցուցանէին, քաղցիւ եւ ծարաւով տառապեցուցանէին զնո-սա, եւ ձմերոցի տեղիս զդժնեայ վայրսն հրամայէին նոցա. եւ անարգս եւ վատթարս յաչս ամենեցուն զնոսա ցուցանէին:

After twelve days [of imprisonment] he gave orders for the preparation of an evening banquet, more sumptuous than ordinary, and invited many of the Christian soldiers. And while the seating was being prepared, he graced each one with his own place [at the table], and spoke with them with kind humility in accordance with their former rank, that he might prevail on them to eat sacrificial meat, of which the Christians were never permitted to eat[7]. When they all opposed this, he did not force them, but ordered that their customary food should be prepared for them, and increased the wine and feasting in the temple.

But when they were leaving the royal hall, some of the Christians were seized and arrested, their pants sealed[8], and held in close confinement; some for two days, and some for three. They were also unworthily treated in many other ways, which we do not see as worthy to write of here. Then some of them were sent away and deprived of their noble rank.

And divisions upon divisions of soldiers assembled [to march] toward the deep wilderness in a distant land to fight the enemies of the king, and many of them perished by the sword. [The Persians] reduced everyone's wages, tormented them with famine and thirst, ordered them to spend the winter in the cruelest of places, and dishonored and vilified them for all to see.

---

7   That is, meat offered to other deities or in the name of idolatry (cf. Acts 15:29).

8   A form of punishment in which one's pants are tied between the legs and around the bottom to retain urine and feces.

Իսկ նոքա առ սէրն Քրիստոսի յոյժ խնդութեամբ ընդունէին զամենայն չարչարանսն վասն մեծի յուսոյն, որ առաջի պատրաստեալ կայ պատուիրանապահ համբերողացն: Որչափ չարութիւն զանարգութիւն բազմացուցանէր, նոքա եւս քան զեւս զաւրանային ի սէրն Քրիստոսի. մանաւանդ զի բազումք ի նոցանէ զգիրս սուրբս ուսեալ էին ի մանկութենէ, զանձինս մխիթարէին եւ զընկերս քաջալերէին, եւ իբրեւ աշտարակ լուսոյ զպաշտաւնն ունէին եւ բազմացուցանէին:

Վասն որոյ եւ բազումք ի հեթանոսաց, որոց հեշտ եւ ցանկալի ձայնքն թուէին, քաջալերէին զնոսա, եւ աւէին բանս մխիթարութեան, իբրեւ թէ լաւիցէ մարդոյ մահու չափ ճգնել՝ քան յայդպիսի աւրինաց ուրանալ:

Բայց սակայն թէպէտ եւ նոքա առ սէրն Քրիստոսի յոյժ զուարթութեամբխնդային ըստ ներքին մարդոյն, արտաքին տեսիլն կարի ողորմ էր յաւտարութեան: Այնպիսի պատուական զինուորութիւն հասեալ էր ի չարաշուք անարգութիւն, եւ հայրենի ազատութիւնն չարաչար կայր ի ծառայութեան մարդախոշոշ բռնաւորին, որ եւ ընդ հեթանոսաց աւրէնս անցանէր արիւնհեղութեամբ, եւ ամենեւին չկարծէր՝ թէ գուցէ այսր ամենայն ի վրէժխնդիր յերկինս:

Նա եւ ոչ զերկրաւոր վաստակս ուրուք յիշէր. եւ որ մեծն քանզ ամենայն է ըստ մարմնաւոր կարգի, քանզի գոյին ոմանք ի նախարարացն, որոց զեղբարս նորա սնուցեալ էր մայրենի կաթամբն իւրեանց, առաւել եւս քան զամենեսեան զնոսա դատէր:

And they, for the love of Christ, accepted all the torments with great joy, and endured with the great hope of those who uphold the commandments. As much as evil multiplied dishonor, so much more were they strengthened in the love of Christ, especially because many of them had studied the Holy Scriptures from childhood, thus consoling themselves and encouraging their friends, and like a tower of light they performed and multiplied their worship.

For that reason many of the heathens, to whom the voices [of their songs] seemed pleasurable and desirous, began encouraging them and offering words of comfort, that it is better to bear deathly afflictions than to deny such a religion.

However, although out of their love for Christ they were very happy and joyous in [their] inner being, [their] outer appearance was very pitiable among other people. Such honorable soldiers had reached [a state of] sinister disrespect, and their ancestral freedom was torturously found in service of their murderous captor, who followed the example of the bloodthirsty heathens and who did not at all think that there could be vengeance for all this in heaven.

Also, no one remembered their earthly labor; and what is greater than all else according to the mortal order, for there were some of the nakharars, whose brothers had been nourished with their mothers' milk, who were tormented more than anyone else.

Եւ յայսր ամենայնի վերայ այլ եւս չարութիւն խոր-հրդածեաց: Զմի ոմն ի հաւատարիմ ծառայից իւրոց ի գործ առաքէր յերկիրն Հայոց՝ որում անուն էր Դենշապուհ. որ եկեալ հասեալ հրամանաւ արքունի, զողջոյն բերեալ զմեծ թագաւորին, եւ խաղաղասէր կեղծաւորութեամբ աշխարհա-գիր առնել ամենայն երկրին Հայոց ի թողութիւն հարկաց եւ ի թեթեւութիւն ծանրութեան այրուձիոյն: Թէպէտ եւ ի վերին երեսս կեղծաւորէր, այլ ի ներքոյ խորհուրդք չարա-գոյն ցուցանէին:

Առաջին, զազատութիւն եկեղեցւոյն արկանէր ի ծառա-յութիւն:

Երկրորդ, միայնակեաց քրիստոնեայք որ բնակեալ էին ի վանորայս,

ընդ նովին աշխարհագրով էարկ:

Երրորդ, զհարկ աշխարհին առաւել ծանրացոյց:

Չորրորդ, զնախարարեանն բանսարկութեամբ արկ ընդ միմեանս, եւ յամենայն տան արար խռովութիւն:

Եւ զայս ամենայն առնէր՝ թերեւս զմիաբանութիւնն քակեսցէ, եւ զուխտն եկեղեցւոյն ցրուեսցէ, եւ զմիայնակ-եացսն փախուսցէ, եւ զշինականսն վատնեսցէ. եւ առ յոյժ աղքատութեանն՝ ակամայ դիմեսցեն յաւրէնս մոգուց:

Եւ ե՛ւս չարագոյն հինգերորդն. քանզի որ հազարա-պետն էր աշխարհին, իբրեւ զհայր վերակացու համարեալ էր աշխարհականաց քրիստոնէից. զրգռեաց յարոյց զամ-բաստանութիւն ի վերայ նորա, եւ հանեալ զնա ի գործոյն՝ փոխանակ նորա պարսիկած յաշխարհին, եւ մեւս եւս մոգպետ՝ դատաւոր աշխարհին, զի զեկեղեցւոյն փառսն աղաւաղեսցեն:

And on top of all that, [he] cunningly [orchestrated] further wickedness. He [the king] sent one of his faithful servants, named Denshapuh, to the land of the Armenians on an assignment; he arrived with a royal decree, bringing the great king's greetings, and with a peace-loving pretense, he took a census of the land of Armenia [and promised] exemption from taxes and a reduced burden on the cavalry. Although he concealed his artifice, the malice of his plans was manifest.

First, he cast the freedom of the church into servitude.

Second, he included the Christian monks who were living in monasteries in his census.

Third, he increased the taxes in the land.

Fourth, he slanderously pitched the nakharars against each other, and established disorder in every family.

They did all this to perhaps destroy [their] unity, break the brotherhood of the church, put to flight the monks, and exhaust the peasants, that they might, from [their] great poverty, turn to the Magian doctrine against their will.

And his fifth [act] was even more wicked: Given that the *hazarbed* of the land was considered as a father and overseer by the Christian inhabitants of the land, [Denshapuh] provoked accusations toward him and removed him from his position, appointing a Persian to [govern] the land in his place, along with a mogbed as judge of the land, to corrupt the glory of the church.

CHAPTER II

Բայց սակայն թէպէտ եւ ամենայն գործքս այս դժնեայ էին, չեւ էր ուրուք ձեռն արկեալ յայտնի յեկեղեցին. վասն այնորիկ եւ ոչ ոք ընդդիմացաւ նմա, թէպէտ եւ էր ծանրութիւն հարկացն: Քանզի ուստի արժան էր առնուլ հարիւր դահեկանաւ չափ, կրկին առնուին. նոյնպէս եւ եպիսկոպոսաց եւ երիցանց դնէին, ոչ միայն շինաց, այլ եւ աւերակաց: Նաեւ բնաւ ո՞վ իսկ կարէ պատմել վասն ծանրութեան մտից եւ սակից, բաժից եւ հասից լերանց եւ դաշտաց եւ մայրեաց: Ոչ ըստ արքունի արժանաւորութեանն առնուին, այլ հինաբար յափշտակելով, մինչեւ ինքեանք իսկ մեծապէս զարմանային, թէ ուստի այս ամենայն գանձ ելանէ՝ զիա՞րդ շէն կայցէ աշխարհն:

Եւ իբրեւ տեսին՝ թէ այսու ամենայնիւ չկարացաք ձանձրացուցանել, յայնժամ յայտնապէս հրաման ետուն մոգաց եւ մոգպետաց նամակ մի գրել ըստ ձախողակի դենին իւրեանց: Եւ է պատճէն նամակին այս.

«Միհրներսեհ Վզուրկ հրամատար Երան եւ Աներան, Հայոց մեծաց ողջոյն շատ: Դուք գիտասջիք, ամենայն մարդ՝ որ բնակեալ է ի ներքոյ երկնի, եւ ոչ ունի զաւրէնս դենի մազդեզն, նա խուլ է եւ կոյր, եւ ի դիւաց Հարամանոյ խաբեալ: Քանզի մինչ չեւ էին երկինք եւ երկիր, Զրուան մեծն աստուած յաշտ առնէր զհազար ամ եւ ասէր. «Թերեւս լիցի իմ որդի Որմիզդ անուն, արասցէ զերկին եւ զերկիր»: Եւ յղացաւ երկուս յորովայնի.

But though all these works were foul, no man had lain a hand on the church openly; therefore, no one opposed him, although the blow was heavy. For when it was lawful to take 100 *dahekans*, they took double; which they even did with the bishops and priests, not only in built-up [inhabited] areas, but also in desolate areas. Also, who could relate all the heavy taxes and levies, tolls and duties in [even] the mountains and the plains and the forests? Not according to the royal dignity did they take these; rather, they plundered like brigands, until they themselves became greatly surprised as to how, after taking all these treasures, the land could remain populated [developed]?

When they saw that even with all this they could not burden [the Armenians], they openly ordered the magi and mogbeds to write a letter according to their sinister religion. The following is a copy of this letter:

"Mihr Narseh, Grand Vizier of Eran and Aneran[9], abundant greetings to Greater Armenia. Know, that all men who dwell beneath the heavens and hold not the customs of the Mazdaean religion, are deaf and blind, and deceived by the devs [demons] of Haraman [Ahriman]. For before the heavens and the earth existed, the great god Zruan [Zurvan] sacrificed for a thousand years, and said: 'Perhaps I will have a son called Ormizd, who shall make the heavens and the earth.' And he conceived two in his womb;

---

9   That is, Iran(ians) and non-Iran(ians) of the empire.

մի վասն յաշտ առնելոյ՝ եւ զմեւսն եւս ի թերեւսն ասելոյ: Իբրեւ գիտաց, եթէ երկու են յորովայնի, «Որ վաղ եկեսցէ, ասէ, նմա տաց զթագաւորութիւնս»: Իսկ որ էր ի թերահաւատութենէն յղացեալ՝ պատառեաց զորովայնն եւել ի դուրս: Ասէ ցնա Զրուան. «Ո՞վ ես դու»: Ասէ. «Որդին քո եմ Որմիզդ»: Ասէ ցնա Զրուան. «Իմ որդին լուսաւոր է եւ անուշահոտ, դու խաւարային ես եւ չարասէր»: Եւ իբրեւ կարի դառնապէս ելաց, ետ ցնա զթագաւորութիւնն հազար ամ:

Իբրեւ ծնաւ զմեւս եւս որդի, անուանեաց զնա Որմիզդ. Եհան զթագաւորութիւն յԱրհմնէ, եւ ետ ցՈրմիզդն եւ ասէ ցնա. «Ցայժմ ես քեզ յաշտ արարի, արդ դու ինձ արա». Եւ Որմիզդ արար զերկինս եւ զերկիր, իսկ Արհմն ընդդէմ չար գործեաց:

Եւ այսպէս բաժանին արարածքս. հրեշտակք Որմզդի են, իսկ դեւքն Արհմնոյն, եւ ամենայն բարիք, որ յերկնից եւ այսր լինին՝ Որմզդի են, եւ ամենայն փասաք, որ անտի եւ այսր գործին՝ զայն Արհմն արար:

one because of his sacrifice, and the other because he said 'perhaps'. When he learned that there were two in his womb, '[To] whomever comes first,' he said, 'I will give my sovereignty.' Then the one who had been conceived from [his] doubt ripped his belly [open] and came out. Zruan said to him: 'Who are you?' He said: 'I am your son Ormizd.' Zruan said to him: 'My son is luminous and sweet-smelling; you are dark and malevolent.' And after he wept very bitterly, [Zruan] gave him his sovereignty for a thousand years.

"When his other son was born, he called him Ormizd; he [then] took sovereignty from Ahriman, gave it to Ormizd, and said to him: 'Until now I sacrificed to you; now you must do [the same] to me.' And Ormizd made the heavens and the earth, whereas Ahriman wrought evil against him.

"Thus, all creatures were divided; the angels are of Ormizd and the demons of Ahriman. And all [that is] good here and in heaven are of Ormizd; and everything harmful done here and there is done by Ahriman.

Սոյնպէս յերկրիս որ ինչ բարի է՝ զայն Որմիզդն արար, եւ որ ոչն է բարի՝ զայն Արհմն արար. որպէս զմարդ Որմիզդ արար, եւ զախտս եւ զհիւանդութիւնս եւ զմահ Արհմն արար։ Եւ ամենայն թշուառութիւնք եւ պատահարք որ լինին, եւ պատերազմունք դառնութեան, չարին մասին արարածք են. իսկ յաջողութիւն եւ տէրութիւնք եւ փառք եւ պատիւք եւ առողջութիւնք մարմնոց, գեղեցկութիւնք դիմաց եւ ճարտարութիւնք բանից եւ երկայնակեցութիւնք ամաց, այդ ի բարւոյն առնուն զգոյացութիւն. եւ ամենայն որ ոչ այդպէս է, ի նա չարին արարած խառնեալ է։

Եւ ամենայն մարդիկ մոլորեալ են, որ ասեն՝ եթէ «Զմահ Աստուած արար, եւ չար եւ բարի ի նմանէ լինին»։ Մանաւանդ որպէս քրիստոնեայք ասեն՝ թէ Աստուած նախանձոտ է. վասն թզոյ միոյ ուտելոյ ի ծառոյն՝ Աստուած զմահ արար, եւ զմարդն էարկ ընդ այնու պատուհասիւ։ Զայդպիսի նախանձ եւ ոչ մարդ առ մարդ ունի, թո՛ղ թէ Աստուած առ մարդիկ. զի որ զայս ասէ՝ նա խուլ է եւ կոյր, եւ ի դիւաց Հարամանոյ խաբեալ։

And thus, whatever is good on this earth, Ormizd has made; and whatever is not good, Ahriman has made; just as Ormizd made man, so Ahriman made disease, illness and death. And all misfortunes and [mournful] occurrences that happen, and bitter wars are the work of the evil side, just as prosperity, dominion, glory, honor, health of body, beauty of countenance, eloquence and longevity receive their existence from the good [twin]; but all that is not so is mixed with the creation of the evil [twin].

"And all men err who say that 'God made death, and evil and good are from Him.' Especially as the Christians say that 'God is envious' because man ate a fig from a particular tree, God made death and subjected them to that punishment. Not even man envies man in such a way, let alone God [envying] man; for whoever says this is deaf and blind, and deceived by the demons of Haraman.

Դարձեալ մեւս եւս այլ մոլորութիւն. Աստուած որ զերկինս եւ զերկիր արար՝ եկն, ասեն, եւ ի կնոջէ ումեմնէ ծնաւ՝ որում անուն էր Մարիամ, եւ առն նորա Յովսէփ: Այլ ճշմարտութեամբ՝ Բանթուրակայ ուրումն եղեալ նա որդի յանկարգ խառնակութենէ: Եւ զհետ այսպիսի մարդոյ մոլորեալ են բազումք:

Եթէ աշխարհն Հոռոմց առ յոյժ յիմարութեան տգիտաբար մոլորեալ են եւ զրկեալ ի կատարեալ դենէս մերմէ, յանձանց պարմայեն զփասն իւրեանց. դուք եւս ընդէ՞ր զհետ նոցա մոլորութեանն ցնորիք: Այլ զոր աւրէնս տէրս ձեր ունի, զնոյն եւ դո՛ւք կալարուք. մանաւանդ զի եւ առաջի Աստուծոյ վասն ձեր համարս ունիմք տալ:

Մի՛ հաւատայք առաջնորդացն ձերոց, զոր նածրացիսդ անուանէք. քանզի յոյժ են խաբեբայք. զոր բանիւք ուսուցանեն, գործովք ոչ առնուն յանձն: «Միս ուտել, ասեն, ոչ են մեղք», եւ ինքեանք ուտել ոչ կամին. «Կին առնել արժան է», բայց ինքեանք եւ հայել ի նա ոչ կամին. «Կարասի որ ժողովէ, ասեն,

"And another error: 'God, who made the heavens and the earth, came' they say, 'and was born of a woman, whose name was Mary, and whose husband was Joseph. The truth is, he was born of a man named Banturak [Pantera], the son of an illegitimate intercourse. Afterwards, many people were led astray by this man.

"If the Roman state, with great folly and ignorance, has erred and deprived [themselves] of our perfect religion, they have brought it upon themselves. Why are you also deluded by their error? Whatever religion your sovereign holds, the same you must also take, especially because we have to account for you before God.

"Do not believe your leaders whom you call Nazarenes, for they are very deceitful. What they teach in words, they do not perform in deeds. 'To eat meat,' say they, 'is not sin,' yet they do not wish to eat it; 'It is right to take a wife,' yet they do not wish to even look at one. 'Accumulating goods,' they say,

մեղք են յոյժ», բայց զաղքատութիւն առաւել քան զյոյժ զովեն: Յարգեն զթշուառութիւն, եւ պարսաւեն զյաջողուածս. ծաղր առնեն զանուն բախտի, եւ զփառաւորութիւն յոյժ այպանեն. սիրեն զանշքութիւն հանդերձից, եւ յարգեն զանարգս քան զպատուականս. գովեն զմահ եւ պարսաւեն զկեանս. անարգեն զծնունդս մարդոյ եւ գովեն զանորդութիւն: Եւ եթէ լսէ ոք դոցա եւ ի կանայս ոչ մերձենան, աշխարհի վախճան վաղվաղակի հասանէ:

Այլ ես ոչ կամեցայ զամենայն ըստ մասանց ընդ գրով արկանել առ ձեզ. զի բազում այլ ինչ է, զոր խաւսին դոքա: Որ չարագոյն եւս է քան զոր գրեցաքդ, զԱստուած ի խաչ ելեալ ի մարդկանէ քարոզեն, եւ զնոյն մեռեալ եւ թաղեալ, եւ ապա յարուցեալ եւ վերացեալ յերկինս: Ո՞չ ահա ձեզէն իսկ արժան էր անդէն դատաստան առնել վասն այդպիսի անարժան ուսմանց: Դեւք որ չարք են, ոչ ըմբռնին եւ տանջին ի մարդկանէ, թո՛ղ թէ Աստուած արարիչ ամենայն արարածոց. զոր ձեզ ամաւթ է ասել, եւ մեզ կարի անհաւատալի բանք:

'is a great sin,' yet they praise poverty much more. They honor misfortune and criticize success; they reproach [good] fortune and mock glory; they love plainness of apparel, and respect the dishonorable [more] than the honorable; they praise death and condemn life; they degrade the birth of man and praise childlessness. And if anyone should heed them and not approach women, the end of the world would shortly follow.

"But I did not resolve to expound all this detail to you in writing, for there is much else that they say. Worse still than what we have [just] written, they preach that God was crucified by men, and likewise that he died and was buried, and then rose and ascended to heaven. Was it not worthy of you to make a judgment about such unworthy teachings? The demons, who are evil, cannot be seized and tortured by men, let alone God, the maker of all creatures. It is shameful of you to say this, and exceedingly unbelievable to us.

Արդ երկու իրք կան առաջի ձեր. կամ արա-
րէք բան առ բան նամակիդ պատասխանի,
եւ կամ արիք ի Դուռն եկայք, եւ յանդիման
լերուք մեծի հրապարակին»:

ԱՆՈՒԱՆՔ ԵՊԻՍԿՈՊՈՍԱՑՆ, որք ժողովեցան յԱյրա-
րատեան գաւառն եւ արարին նամակին պատասխանի.

ՅՈՎՍԷՓ եպիսկոպոս Այրարատոյ:
ՍԱՀԱԿ եպիսկոպոս Տարաւնոյ:
ՄԵՂԷՏ եպիսկոպոս Մանազկերտոյ:
ԵԶՆԻԿ եպիսկոպոս Բագրեւանդայ:
ՍՈՒՐՄԱԿ եպիսկոպոս Բզնունեաց:
ՏԱՃԱՏ եպիսկոպոս Տայոց:
ԹԱԹԻԿ եպիսկոպոս Բասենոյ:
ՔԱՍՈՒ եպիսկոպոս Տուրուբերանոյ:
ԵՐԵՄԻԱ եպիսկոպոս Մարդաստանի:
ԵՒՂԱՂ եպիսկոպոս Մարդոյաղոյ:
ԱՆԱՆԻԱ եպիսկոպոս Սիւնեաց:
ՄՈՒՇԷ եպիսկոպոս Արծրունեաց:
ՍԱՀԱԿ եպիսկոպոս Ռշտունեաց:
ԲԱՍԻԼ եպիսկոպոս Մոկաց:
ԳԱԴ եպիսկոպոս Վանանդայ:
ԵՂԻՇԱ եպիսկոպոս Ամատունեաց:
ԵՂԲԱՅՐ եպիսկոպոս Անձաւացեաց:
ԵՐԵՄԻԱ եպիսկոպոս Ապահունեաց:

"Now, there are two options before you; either
write a word for word answer to this letter, or
come to the [royal] court before the great as-
sembly."

The names of the bishops who gathered in the province of Ayrarat and answered the letter:

Hovsep, Bishop of Ayrarat.

Sahak, Bishop of Taron.

Meghēt, Bishop of Manazkert.

Yeznik, Bishop of Bagrevand.

Surmak, Bishop of Bznunik.

Tachat, Bishop of Tayk.

Tatik, Bishop of Basen.

Kasu, Bishop of Turuberan.

Yeremia, Bishop of Mardastan.

Yevghagh, Bishop of Mardoyagh.

Anania, Bishop of Syunik.

Mushē, Bishop of the Artsrunik.

Sahak, Bishop of the Rĕshtunik.

Basil, Bishop of Mokk.

Gad, Bishop of Vanand.

Yeghisha, Bishop of the Amatunik.

Yeghbayr, Bishop of the Antsawatsik.

Yeremia, Bishop of the Apahunik.

CHAPTER II

Այս ամենայն եպիսկոպոսք եւ բազում քորեպիսկոպոսք եւ պատուական երիցունք ի տեղեաց տեղեաց հանդերձ սուրբ ուխտիւ եկեղեցւոյ՝ միաբանք եւ միահաւանք, միահամուռ ժողովեալք ի թագաւորանիստ տեղին յԱրտաշատ, հաւանութեամբ մեծամեծ նախարարացն եւ ամենայն բազմութեամբ աշխարհին արարին նամակին պատասխանի։

«ՅՈՎՍԷՓ ԵՊԻՍԿՈՊՈՍ, հանդերձ ամենայն միաբանելովքս ի մեծամեծաց մինչեւ ցփոքունս, Միհրներսեհի մեծի հազարապետի Արեաց եւ Անարեաց ՝ բազում խաղաղասէր մտաւք բազմասցի ողջոյն առ քեզ եւ ամենայն մեծի սպահիդ Արեաց.

Ի նախնեաց ունիմք սովորութիւն աստուածատուր պատուիրանաւ՝ աղաւթս առնել ի վերայ կենաց թագաւորի, եւ անձանձրոյթ խնդրել յԱստուծոյ վասն երկայն ժամանակաց դորա, զի խաղաղութեամբ վարեսցէ զտիեզերական իշխանութիւնդ, զոր աւանդեալ է դմա յԱստուծոյ. զի ի դորա յերկար խաղաղութեանն եւ մեք առողջութեամբ եւ աստուածպաշտութեամբ կատարեսցուք զկեանս մեր։

All these bishops and many chorbishops [rural bishops] and venerable priests from various places, and the holy clergy of the church, of one accord and unanimously and collectively assembled at the royal residence in the city of Artashat, and, at the desire of the most distinguished nakharars and of the whole population of the country, answered the letter.

"Bishop Hovsep, together with all those [who are] of the same mind, from the great to the small; to Mihr Narseh, the Great Hazarbed of the Aryans and non-Aryans, abundant greetings in a peaceful spirit to you and the entire great army of the Aryans.

"From our forefathers we have a custom, given by divine command, to pray for the life of the king, and ceaselessly to ask God to give him longevity, so that he may peacefully conduct his universal dominion that has been conferred upon him by God, and so that in his long peace, we may fulfill our lives in health and in the worship of God.

CHAPTER II

Վասն նամակին որ քո ի մեր աշխարհս տուեալ էր՝ առաջ ժամանակաւ մի ումն ի մոգպետաց, որ կատարելագոյն էր ի դենիդ ձերում, եւ դուք առաւել քան զբնութիւն մարդկան ի վեր համարէիք զնա, հաւատաց նա յԱստուած կենդանի՝ յարարիչն երկնի եւ երկրի, եւ բան առ բան ելոյծ եւ իմացոյց ձեզ զաւրէնս ձեր: Եւ իբրեւ ոչ կարացին բանիւ զդէմ ունել նորա, քարկոծեալ մեռաւ յՈրմզդէ արքայէ: Եւ եթէ հաւատարիմ համարիցիս զմեր բանս լսել, ի բազում տեղիս այդր աշխարհիդ ձերոյ գտանին գիրք նորա. ընթերցիր, այտի տեղեկանաս:

Այլ վասն աւրինացս մերոց, ոչ ինչ աներեւոյթ են, եւ ոչ յանկեան ուրեք աշխարհի քարոզի, այլ համատարած ընդ ամենայն երկիր, ընդ ծով եւ ընդ ցամաք եւ ընդ կղզիս. ոչ միայն ընդ արեւմուտս, այլ եւ ընդ արեւելս, այլ եւ ընդ հիւսիս եւ ընդ հարաւ եւ ի միջոցս լի է հոծութեամբ: Ոչ ի մարդ ապաստան՝ եթէ վերակացուաւ տարածեսցի ընդ աշխարհս. այլ ինքն յինքենէ ունի զհաստատութիւն: Ոչ առ այլովք վատթարաւքն վեհ երեւի, այլ ի վերուստ յերկնուստ ունի զանսուտ աւրէնսդրութիւնն. ոչ միջնորդաւ, զի մի է Աստուած, եւ չիք այլ ոք բաց ի նմանէ, ոչ երիցագոյն եւ ոչ կրսերագոյն:

"Regarding the letter you sent into our country, in former times one of the mogbeds, who was perfect in your religion, and whom you held to be above a mortal nature, believed in the living God, the creator of the heavens and the earth, and word by word he explained and informed you of your doctrine. And since they could not refute him, he was stoned to death by Hormizd the king. And if you should be so faithful as to hear our words, his books [biographical accounts] are to be found in many places in that country of yours: read, and you will be informed.

"As for our religion, however, nothing is unclear, nor is it preached in some [obscure] corner of the land, but is spread over the whole earth, on sea and on land, and in the islands; not only in the West, but also in the East, and in the North and in the South, and densely in between. Not through the refuge of man did a protector spread [Christianity] through the land, but its firmness is in itself. It does not appear good by comparison with base things, but from the heavens above it has its honest legislation; not through any mediator, for God is one, and there is none other than He, neither senior nor junior.

Ոչ սկիզբն առեալ յումեքէ լինել Աստուած, այլ ինքն ինքեամբ մշտնջենաւոր. ոչ ի տեղւոջ ուրեք, այլ ինքն ինքեան տեղի. ոչ ի ժամանակի իմիք, այլ ժամանակք ի նմանէ գոյացան. եւ ոչ միայն քան զերկինս երիցագոյն, այլ եւ քան զկարծիս մտաց մարդկան եւ հրեշտակաց: Ոչ ձեւանայ ի տեսիլ տարրեղէն, եւ ոչ անկանի ընդ տեսլեամբական. եւ ոչ միայն ձեռին չզննի, այլեւ ոչ ընդ միտս ուրուք հարկանի, ոչ միայն ընդ մարմնականացս, այլ եւ ընդ անմարմին հրեշտակացն. բայց եթէ ինքն կամի, իւրոց արժանաւորացն մտաց իմանի, այլ ոչ աչաց տեսանի. եւ մտաց՝ ոչ երկրաւորացս, այլ որ յԱստուած են հաւատացեալ ճշմարտիւ:

Եւ անուն նորա Արարիչ երկնի եւ երկրի. իսկ յառաջ քան զերկին եւ զերկիր, որպէս ինքնագոյ՝ ինքնանուն է: Ինքն անժամանակ է, իսկ արարածոցս յորժամ կամեցաւ՝ սկիզբն արար լինելոյ, ոչ յընչէ այլ յոչընչէ. Զի ինչ՝ նա միայն է, եւ այլս ամենայն ի նմանէ ընչացաւ: Ոչ եթէ իբրեւ յետոյ իմացաւ եւ արար, այլ մինչ չեւ արարեալ էր նորա՝ ի կանուխ գիտութեանն իւրում տեսանէր զարարածս. որպէս եւ այժմ մինչ չեւ

"God did not receive beginning from any-
one, but He is of Himself eternal; not in some
place, but He in His own place; not from any
time, but all time comes from Him; and He
is not only older than the heavens, but older
also than the thoughts in the minds of men
and angels. [He] does not take on a material
form, and does not fall into the perception of
the eyes; and not only can he not be felt by
hand, but he [also] cannot be comprehended
by the mind of any man—not only among cor-
poreal [beings] but even among the bodiless
angels; but if He wills, He will be known to
the minds of the deserving, albeit not visible
to their eyes—not to worldly [minds], but [to
those] who truly believe in God.

"His name is the Creator of the heavens and
earth; and He was before the heavens and
earth, for he came into existence of Himself
and is self-named. He is timeless, and when
He willed it, gave beginning to existence; not
from something, but from nothing—for He
alone is Being, and everything else came into
being from Him. It was not after he came to
know and created [them], but before creat-
ing [them] that he in his foreknowledge had
beheld His creatures.. Just as now, before

է գործեալ մարդոյ բարի ինչ կամ չար, Աստուծոյ յայտնի են գործք մարդկան: Սոյնպէս եւ յայնժամ մինչ չեւ էր արարեալ ոչ խառն ի խուռն ինչ ճանաչէր զանեղսն, այլ կարգեալ եւ յարմարեալ կային առաջի նորա իւրաքանչիւր մասանցն տեսակքն. Իսկ մարդկան եւ հրեշտակաց՝ եւ տեսակքն եւ որ ի տեսակին լինելոց էին:

Եւ քանզի արարող զաւրութիւն է, ոչ կարէր խափանել զնորա բարերարութիւնն մեր չարութիւնս. որպէս եւ եղեւ իսկ, եւ ունիմք դատաւոր զաջն արարիչ: Ձեռք որ զերկինս եւ զերկիր հաստատեցին, նոյն եւ տախտակս քարեղէնս փորագրեցին եւ ետուն մեզ դպրութիւն, որ ունի զաւրէնս խաղաղականս եւ փրկականս. զի գիտասցուք զմի Աստուած արարիչ երեւելեաց եւ աներեւութից. ոչ այլ եւ այլ, իբր թէ ումն բարի եւ ումն չար, այլ մի եւ նոյն համակ բարի:

Բայց եթէ թուիցի քեզ չար ինչ զոլ յարարածս Աստուծոյ, ասա համարձակ, զի թեր-եւս ուսցիս զճշմարիտն բարի: Զդեւս չար ասացեր. զոն եւ դեւք բարի, զոր եւ դուք եւ մեք հրեշտակս անուանեմք. եթէ կամին՝

something good or evil is undertaken by man, all works of men are [already] known to God. So he also knew then, before he had created—and not as a mishmash—the uncreated [beings], but arranged and conformed before him each type of body part, both of men and angels, and the forms of everything that would have a form.

"And because [He] is a creative force, His goodness could not prevent our evil, as it actually happened. And we have a Judge upon the right side of the Creator. The hands that established the heavens and the earth are the same that inscribed the stone tablets and gave you books, which contain the laws of peace and redemption, that we [come to] know the one God, the creator of things visible and invisible; not differently, as though one were good and one evil, but one and the same and entirely good.

"But if it appears to you that there exists evil in God's creatures, say [it] boldly, for you may learn of the true good. You called the devs [demons] evil; there are also good devs, which you and we call angels—if they so resolve,

եւ դեւք բարի լինին, եւ եթէ կամին՝ եւ հրեշտակք չար լինին: Այդ եւ ի մարդիկ երեւի, եւ առաւել ի միոյ հաւր որդիս. է որ հնազանդ եւ հպատակ է հաւրն, եւ է որ չարագոյն քան զսատանայ: Նա եւ ինքն իսկ մարդն առանձին յերկուս բաժանեալ տեսանի, երբեմն չար եւ երբեմն բարի. եւ որ բարին էր՝ նոյն եւ չարացաւ, դէպ եղեւ, զի դարձեալ անդրէն ի բարին շրջեցաւ, եւ բնութիւն մի է:

Բայց այն որ ասեն, եթէ վասն թզոյ միոյ մահ արար Աստուած, վատթարագոյն է պատառ մի մազաղաթ քան զթուզ. ապա եթէ բան թագաւորին նկարի ի նմա, ո պատառէ զնա, մահու ընդունի զպատուհաս: Իսկ արդ չար արժա՞ն է ասել թագաւորին. քաւ, ես ոչ ասեմ, այլ խրատ ի գործ արկեալ զայլս ուսուցանեմ: Յա՛յնժամ էր Աստուած նախանձոտ, թէ չէր պատուիրեալ չուտել ի ծառոյ անտի. ապա եթէ յառաջագոյն զգուշացաւ, զգութ բնական սիրոյն իւրոյ յայտնեաց ի նմա: Իսկ արհամարհելով մարդ՝ ընկալաւ զպատիժ մահուան:

demons can be good, and if they so resolve, angels can be evil. This appears also among people, and even among sons [begotten] by the same father; one is obedient and acquiescent to his father, and the other is more wicked than Satan. [Each] man himself even appears to be divided in two, sometimes evil and sometimes good—he who is good becomes evil, and when that happens, he returns again to good, and yet his nature is one [and the same].

"But as for what you say about God having made death because of one fig, a piece of one parchment is even more worthless than a fig, and if the words of the king are written on it, [then he] who rips it receives death as punishment. And now, is it right to speak ill of the king? No, I say not; I only adduce this as an example [with which] to teach others. At that time God would have become jealous, if He had not commanded them not to eat from that tree; but if He had forewarned them, He [thereby] showed His natural love and sympathy toward them. But by scorning [that], man received the punishment of death.

Բայց այն զոր ասացեր՝ եթէ Աստուած ի կնոջէ ծնաւ, յայդմ չէր արժան քեզ խորշել եւ փախչել. զի անաւասիկ Արիմն եւ Որմիզդ ի հաւրէ ծնան եւ ոչ ի մաւրէ. որում եթէ քաջ միտ դնես, եւ ոչ դու յանձն առնուս: Եւ մեւս եւս այլ ծաղրագոյն քան զայդ, Միհր աստուած ի կնոջէ ծնանի, եթէ ոք ընդ իւրում ծնողին անկցի:

Այլ սակաւիկ մի եթէ ի բաց թողացուցանէիր զփքումն տէրութեանդ, եւ ընկերաբար գայիր ի պայքար, գիտեմ զի իբրեւ այլովդ ամենայնիւ յոյժ իմաստուն ես, եւ վասն ծննդեան Տեառն մերոյ ի սուրբ Կուսէն՝ ոչ աւելաբանութիւն համարէիր, այլ առաւել քան զարարչութիւնն յոչընչէ զաշխարհս մեծագոյն զվերջին փրկութիւնն իմանայիր, ազատութեան մարդոյն զյանցաւորութիւնն դնէիր, եւ բարերարութեանն Աստուծոյ՝ զազատութիւնն ի ծառայութենէ:

Քանզի յորժամ լսես եթէ յոչընչէ արար Աստուած զամենայն աշխարհս բանիւ ծնունդ իմացիր զարարածս: Իսկ քանզի Աստուած, որ զայս մեծ մարմին առանց չարչարանաց ծնաւ, ապաքէն իբրեւ զհայր զութ ունի ընդ սմա: Զի որ ինքն անապական է, եւ զարարածս առանց ապականութեան ծնաւ.

"But regarding what you said, that God was born of a woman, it was not fitting for you to avoid and turn away from that; for behold, Ahriman and Ormizd were born of a father, and not of a mother; to which, if you apply [all] your mental acuity, you would [still] not grasp. And even more risible than that, the god Mihr [Mithra] was born of a woman, as though someone would lie with his own parent.

"But if you let go of the pride of your authority for a little while, and you engaged in a debate in a more friendly manner, I know that you are very wise in [all] other matters and did not consider the birth of our Lord from the Holy Virgin as superfluous, and understood the Last Judgment as greater than the creation of the world out of nothing, and attributed the transgression to man's liberty and his freedom from service to God's beneficence.

"For when you hear that God made this entire world out of nothing, consider that [all] creatures were born [by His] word. And so because God, who created this great body without suffering, has compassion for it as a father. And as He is incorruptible, so too His creatures were born without corruption.

իսկ սա կամաւք գլորեալ ապականեցաւ, եւ անձամբ եւս ոչ կարէր կանգնել կալի վերայ ոտից: Վասն զի էր ի հողոյ, անձամբ անձին արարեալ՝ անդրէն ի նոյն բնութիւն դարձաւ. եւ իբրեւ ոչ եթէ յաւտար զաւրութենէ չարի ինչ ընկալաւ ուրուք զպատիժս պատուհասին, այլ ի յիւրմէ հեղգութենէն չլսել բարերար պատուիրանին, խրատեցաւ ծառայական մասնն մահուամբն, զոր կրեաց յանձն իւր:

Արդ եթէ զմահ չար աստուածն արար, զի՞նչ գոյացութիւն երեւի մահուի միջի. եւ ո՛չ ինչ: Բայց զբարի Աստուծոյ զարարածսն խանգարեաց: Եթէ այդպէս է, նմա եւ բարի իսկ ասել ոչ մարթի, այլ կիսագործ ապականացու: Եւ որոյ աստուծոյ արարածքն ապականելիք են եւ եղծանելիք՝ նմա անեղծ Աստուած չմարթի ասել: Տի՛ աւն անդր թողէք զյիմարութեան զբարբանջմունսդ:

Միոյ աշխարհի երկու դեհապետք ոչ լինին, եւ ոչ միոյ արարածոյ երկու աստուածք: Եթէ ժպրհեսցին եւ լինիցին երկու թագաւորք միոյ աշխարհի, աշխարհն եղծանի եւ թագաւորութիւնքն խանգարին:

But the latter fell into corruptibility of his own volition, and could no longer stand on his own feet by himself. And because he was [made] of dust, [he] returned to the same nature; and not through a separate evil power did [they] fall into the punishment of death, but through [their] own negligence that [they] did not hear the good command- ment. [Their] servile part was punished with death, which each person bore in himself.

"Now if the evil god has created death, what substance appears from death? None. But it destroys the creatures of the good god. Now if this is so, these cannot be called good, but imperfect and corruptible. And the god whose creatures are corruptible and destructible cannot be called an incorruptible God. Now, then, give up your blathering!

"One land does not have two rulers, nor does one creature have two gods. If two kings dared [to rule] one land, the land would be destroyed and the kingdoms would be ruined.

Աշխարհս նիւթեղէն է, եւ նիւթքս որիշ որիշ են եւ ընդ միմեանս հակառակ. մի է արարիչ հակառակորդացս, որ ածէ զսոսա ի սիրելութիւն հաւանութեամբ. որպէս մաղեալ կակղէ զջերմութիւն հրոյն՝ աւդոյս հովութեամբ, եւ զապառումն բրտութիւն աւդոյն՝ հրոյն եռանդմամբ. սոյնպէս եւ զմանրամաղ փոշիացեալ հողս՝ ջրոյն խոնաւութեամբ զանգանէ, իսկ զի՛ վայր ծորելի բնութիւն ջրոյն՝ սալայատակ տրտմացեալ հողոյն կափմամբ։

Զի եթէ միաբանէին տարերքս, գուցէ ոք ի կարճամտաց եւ Աստուած անապական զսոսա կարծէր, եւ թողեալ զարարիչն՝ արարածոցս զերկրպագութիւն մատուցանէր. վասն այնորիկ որ արար զսա՝ զգուշացաւ յառաջագոյն, զի հայեցեալ մարդիկ ի յանդիմանութիւն ապականացու տարերցս՝ անապական միայն զկառավար սորա իմասցին, զմի եւ ոչ զերկուս. զնոյն արարիչ չորեքկին նիւթոցս, յորմէ ամենայնքս ծննդագործին հրամանաւ արարողին իւրեանց։

"The world is material, and the material [beings] are distinct and opposed to each other; the creator of these adversaries is One, who brings them into affection through harmony. As [He] crushes and softens the heat of the fire through the coolness of air and the harshness of the [cold] air with the warmth of fire, so too does He pulverize the earth into tiny [pieces] and cast the moisture of water [down], and the nature of water flows downwards to be hardened by the binding of the earth.

"For if these elements [became] united, perhaps some short-witted individual would think these formed [an] incorruptible god, and abandoning the Creator, [would] offer worship to his creatures [instead]. Hence, He who made [all] this observed in advance, that [when] man [would] see the opposition of these corruptible elements, he would only understand the Driver as incorruptible, and that He is one and not two—the same Creator of these four elements, from whom all works of creation are created.

CHAPTER II

Եւ շրջագայութեամբք չորիւք յեղանակաւք կատարեալ գործեն զտարեւոր սպասաւորութիւնն. եւ չորեքեան հային կամաց ակնարկելոյ արարչին իւրեանց, եւ անզգայութեամբ լծեալ են ի գործ հարկաւորութեան, չյափշտակելով զկարգ պատույն ի միմեանց:

Եւ ահա պարզաբար ասացեալ դիւրատար լուսաւորութիւն յականջս ամենեցուն:

Զի այն որ հուրն է, գոյացութեամբ եւ զաւրութեամբ խառնեալ է յերիսեւս մասունս. իբրեւ զտանի ջերմութիւնն յոլովագոյն ի քարինս եւ յերկաթս, եւ սակաւագոյն ի յաւդ եւ ի ջուր, եւ ինքն առանձին ուրեք ոչ երեւի: Իսկ ջրոյ բնութիւն գոյ առանձինն, գոյ եւ ի խառնուածսն երից եւս մասանց, յոլովագոյն ի հողաբոյսս եւ սակաւագոյն ի յաւդ եւ ի հուր: Իսկ աւդն թափանցանց է ընդ հուրն եւ ընդ ջուրն, եւ ի ձեռն ջրոյն ընդ կերակուրս աճեցականս:

Եւ այսպէս խառնեալ են տարերքս այս, եւ գոյացեալ իբրեւ զմի մարմին, եւ ոչ կորուեալ զիւրաքանչիւր բնութիւնս, եւ ոչ երբէք զկայան առեալ հակառակութեամբ, հայելով ի մի իշխանն յանխառնն, որ զխառնուածսն յարմարեալ կազմէ առ ի բնակութիւն կենդանեաց ամենեցուն, եւ տեւողութիւն յարակայութեան բոլոր աշխարհիս:

"The four seasons in their cycle fulfill their annual service, and all four look to the will and glance of the Creator, and are insentiently yoked to [their] necessary work, without seizing the established order from each other.

"Behold, a simple explanation [that is] easily comprehensible to the ears of all!

"For that which is fire is, in substance and power, mixed with three other parts; as heat is found abundantly in stone and iron, but less so in air and water, while it [heat] never appears of itself. And the nature of water [is such that it] exists of itself, and in mixture with three other parts—more so in plants, and less so in air and in fire. But air penetrates fire and water, and through water [penetrates] vegetal foods.

"And thus the elements are mixed and combined as one body; they each do not lose their natures, nor do they ever take rest from opposing each other, looking to the one, pure Lord, who adjusts and forms their mixtures according to the nature of all living things, and to the perpetuity of the whole world.

CHAPTER II

Իսկ եթէ առ անբան աշխարհս այսպէս հոգ տանի Աստուած, ո՛րչափ եւս առաւել առ բանաւոր աշխարհս՝ մարդս:

Զոր եւ ձեր ումն քաջ յիմաստնոցն ասաց, եթէ Միհրն աստուած մայրածին էր ի մարդկանէ, եւ թագաւոր աստուածազաւակ է, եւ համհարզ քաջ եւթներորդաց աստուածոց: Եւ եթէ հաւատալ արժան է առասպելաբանութեանդ, զոր դուք եւ գործովք իսկ կատարեալ ցուցանէք ի դենիդ ձերում, մեք ոչ եւս առասպելացն հաւատամք, այլ աշակերտք եմք մեծին Մովսիսի մարգարէին, ընդ որում Աստուած խաւսեցաւ ի մորենւոջն ի Սինէ, եւ դէմ յանդիման աւրէնս գրեաց եւ ետ ցնա. եւ ծանոյց զնիւթեղէն աշխարհս իբրեւ զարարածս, եւ զիւր աննիւթ էութիւնն՝ արարիչ նիւթոցս յոչընչէ. եւ զերկիրս երկրաւորաւքս եւ զերկինս երկնաւորաւք ծանոյց նմա, զի գործք ձեռաց նորա են: Բնակիչք երկնի՝ հրեշտակք, եւ բնակիչք երկրի՝ մարդիկ. բանաւոր՝ մարդ եւ հրեշտակ միայն, եւ Աստուած ի վեր քան զերկինս եւ զերկիր:

"Now if God takes such care of this irrational world, how much more so of the mortals of the rational world!

"As for what one of your wisest men said, [namely] that the god Mihr was born of a mortal mother, a king born of god, and a brave adjutant of the seven gods. Now if it is right to believe this fable—which you set forth in your religion as [being] real—[then] we do not believe in fables, but are disciples of the great prophet Moses, with whom God conversed from the bush on Sinai, and wrote down and delivered the laws to face to face. He taught him about the material world as creation and his immaterial existence, [as] Creator of matter from nothing. And the earth with its earthly creatures, and the heavens with its heavenly beings, are works of His hands. The inhabitants of heaven are angels, and the inhabitants of earth are men; men and angels alone participate in reason, and God is high above the heavens and the earth.

Եւ ամենայն արարածք անբանութեամբ կատարեն զհրամանս պատուիրանի նորա, եւ ոչ երբէք անցանեն ըստ եդեալ սահմանն իւրեանց. Բայց մարդ եւ հրեշտակ ազատ թողեալ ի կամս անձին, քանզի մտաւորք են, եթէ կայցեն ի հրամանի նորա, անմահք են եւ որդիք Աստուծոյ։ Զքոլոր արարածս տուեալ է ի ծառայութիւն, զերկիրս՝ մարդկան, եւ զերկինս՝ հրեշտակաց. ապա եթէ ստունգանիցեն եւ անցանիցեն զպատուիրանաւ, զընդդէմսն գործեսցեն Աստուծոյ, յիւրաքանչիւր պատուոցն զանարգանս ընկալցին. զի երեւեսցի տէրութիւնն անբամբաս, եւ յանցաւորք յանցանացն ամաւթալից։

Իսկ եթէ դու ի տզիտութեան վրիպեալ ես, ես որ հաստատունս գիտեմ, ոչ կարեմ գալ զկնի քո մոլորութեանդ։ Եթէ աշակերտիմ անուսումնութեանդ, երկոքինս յանգիտ կորուստն մատնիմք, թերեւս ես չարագոյն քան զքեզ, քանզի վկայ ունիմ ինձ զինքնասաց ձայնն Աստուծոյ. «Ծառայ, ասէ, որ ոչ գիտէ զկամս տեառն իւրոյ, եւ արժանի գանի ինչ գործ գործէ, ըմպել ըմպէ գան, այլ սակաւագոյն» իսկ որ տեղեկագոյն է կամաց թագաւորին, եւ յանցանէ ինչ առաջի նորա, առանց բարեխաւսի բազմապատիկ տանջի։

And all creatures obey the command of their ruler without reason, and never do they over-step the limits prescribed to them. But [only] men and angels were left free in their person-al will, for they possess reason; and if they may live according to His command, [then] they are immortal and sons of God. But all creatures are given for servitude; the earth to men, and the heavens to angels. But if they do not hear and keep the commandment, they work against God and will be deprived of all honor, so that [His] dominion appears irre-proachable, and transgressors be shamed for their transgressions.

"Now if you have been misled out of igno-rance, I who know [things] for certain can-not follow your error. If I became a student of your ignorance, we should both be delivered into irredeemable destruction, [and] perhaps I worse than you, for I have as witness God's own voice: 'A servant,' He says, 'who does not know the will of His Lord, if he be worthy of a beating, he is beaten, but less'[10] and he who is well-informed of the king's will and does wrong before him is severely punished with-out intercession.'

---

10   Luke 12:47-48.

CHAPTER II

Արդ աղաչեմ զքեզ եւ զամենեսեան, որ ընդ քոյով իշխանութեամբ են. մի՛ դու ընդ իս բազմապատիկ տանջիր, եւ ոչ ես ընդ քեզ սակաւազոյն. այլ ես եւ դու եւ ամենայն բազմութիւնդ հանդերձ արի թագաւորաւդ այնպէս աշակերտեսցուք աստուածային գրոց, զի ի տանջանացն ապրեսցուք, եւ զդժոխս արհամարհեսցուք, եւ յանշէջ հրոյն զերծանիցիմք, եւ զարքայութիւնն ժառանգիցեմք, եւ անցաւոր կենաւքս զանանց մեծութիւնն անվախճան ունիցիմք: Բայց յորմէ դուդ զարհուրեալ ես՝ դիւրահաւան լեր, եւ վաղվաղակի աշակերտիս ճշմարտութեանն:

Ոմն ի հրեշտակաց յանմահիցն զնդէն ստամբակեալ եւ ի բաց գնացեալ յերկնից, եւ ի մեր աշխարհս եկեալ՝ պատիր բանիւք եւ սուտ խոստմամբ զանլինելի յոյսն առաջի դնէր՝ իբրեւ տղայ մանկան՝ անփորձ եւ անկիրթ նորաթեք մարդոյն, ի վեր հայեցուցանելով զմիտս նորա, ուտելով ի պտղոյ ծառոյն, յոր հուպն չհրամայեաց երթալ, զի լիցի աստուած: Իսկ նորա մոռացեալ զպատուիրանն Աստուծոյ, խաբեցաւ զկնի մոլար խաբէութեանն, կորոյս զոր ունէր զփառս անմահութեանն, եւ չեհաս երազայնոյս

"Thus, I pray to you and to all who are in your kingdom: do not be greatly tormented with me, nor I less so with you; but that you and I and all the people in your valiant kingdom become disciples of the divine scripture, that we may escape torments, scorn Hell, and deliver ourselves from the unquenchable fire and inherit the kingdom, and in this transitory life have endless and eternal glory. But accept what troubles you, and you will learn the truth immediately.

"One from the legion of immortal angels left heaven in rebellion and came to our earth, and with enticing words and false promises put forth impracticable hope to an inexperienced, uneducated and newly created man, as though to a boy, turning his attention upwards [in rebellion], so that, by eating the fruit of the tree—which he was forbidden to approach—he would become a god. Now having forgotten the command of God, he was deceived by that errant fraud, and lost the glory of immortality which he had possessed and did not arrive at the dream

կարծեացն: Վասն որոյ եւ մերժեալ ի կենաց տեղւոյն, ընկեցաւ յապականելի աշխարհս, յորում եւ դուք էք բնակեալ այժմ, եւ ցնորեալ մոլորիք զկնի նորին խրատտուի. ոչ եւս ուտելով ի պատուիրեալ ծառոյն, այլ զարարածս աստուած ասելով, եւ անխաւս տարերցս երկիր պագանելով, եւ անորովայն դիւաց կերակուր մատուցանելով, եւ յարարչէն բոլորեցունց ի բաց լինելով:

Ոչ յազի չար խրատտուն, այլ կամի, զի քան զինքն չարագոյնս արասցէ: Քանզի դեւքն ոչ եթէ բռնաբար զոք վարեն ի կորուստ, այլ զմեղս քաղցրացուցանեն ի կամս մարդոյն, եւ ողոքանաւք որսան զանուսմունս ի խաբէութիւն, որպէս բազում մարդիկ զընկերս իւրեանց ի գողութիւն եւ յաւազակութիւն. իբր ոչ եթէ բռնի ինչ վարելով, այլ պատիր խաբէութեամբ տան գործել բազում չարիս, զոմանս ի կախարդութիւն, եւ զոմանս ի պոռնկութիւն, եւ զոմանս յանթիւ ի բազում յ այլ իրս աղտեղութեան: Եւ արդար դատաւորաւք վրէժ առնուն մահու չափ. իբր ոչ եթէ բարի Աստուծոյ դատաւորք իցեն բարեգործ, եւ չարին չարագործ. զի բազում անգամ է՝ զի ի բարի մարդկանէ չարք լինին, եւ յետոյ ի չարագունից անտի կատարելագոյն բարիք:

of [his] imagination. Therefore, driven out of the place of life, he fell into this corruptible world, which you also now inhabit and senselessly err following this [same] counselor. No longer by eating of the forbidden tree, but by calling the creatures 'god', and worshipping voiceless elements, offering food to the demons without bellies, and renouncing the creator of everything.

"The wicked counselor was not satisfied, but resolved to do worse. For the demons cannot forcefully take anyone into destruction, but they sweeten sin to the wills of men and with flattery capture the uneducated through artifice, as many men [exhort] their friends into theft and robbery, not capturing them by force, but by enticing trickery deliver them into working many kinds of evil—some to sorcery, some to prostitution, and others into many and diverse other impurities. Through just judges, they receive death as revenge, not that the judges of the good God are benevolent, and those of the evil malevolent; for very frequently evil comes from good men, and then the most perfect good from the most evil men.

Եւ դատաւորք ստոյգ, որք դատին զչարագործս, ոչ եթէ չարք անուանին եւ չարչարիչք, այլ յոյժ բարիք եւ բարեգործք. եւ բնութիւն մի է, եւ ոչ երկու. իսկ ի միջէ անտի գործք երկուութեան երեւին, ոմանց սատակիչք, եւ ոմանց պարգեւատուք: Եւ եթէ առ մարդիկ այս պաշտի ի ձեռն թագաւորական վիճակին խրատուն խնամ տանել իւրում իշխանութեանն, ո՞րչափ եւս առաւել Աստուծոյ բոլոր աշխարհս, որ ընդ ամենեցուն կեանս կամի եւ ոչ զմահ: Եւ ահա ուր բազմացաւ յանցաւորութիւն, տանջեաց զամենեսեան մահուամբ. իսկ ուր եղեւ ունկնդրութիւն հնազանդութեան, շնորհեաց զպարգեւս անմահութեան:

Այն է ճշմարիտ Աստուած՝ բոլորեցունց մեր արարիչ, զոր դու աներաասանակ արձակ բերանով անահ աներկիւղ համարձակութեամբ հայհոյես: Թողեալ զՅիսուս Քրիստոս զփրկական անունն՝ Փանդուրակայ որդի անուանես, եւ մարդ մոլորեցուցիչ կարծես. եւ զերկնաւոր փրկութիւնն աղաւաղես եւ անարգես ի կորուստ անձին եւ բոլոր աշխարհիս: Զոր տալոց եւ հատուցանելոց ես զանանցական վրէժ տանջանացն յանշէջ հուրն սպառնացեալ գեհենին, հանդերձ ամենայն գործակցաւք քովք, առաջնովք եւ միջնովք եւ վերջնովք:

*"True judges who judge the malefactors are
not called evil or tormentors, but very good
and benefactors. [Their] nature is one, and
not two-fold, yet from [that] one [nature]
appear two [types of] works: for some, de-
structive, and for others, beneficial. And if
among men [the judges] protect the king-
dom by punishment through royal authority,
how much more does God [protect] the whole
world—[God,] who wills that all have life
and not death? And thus wherever transgres-
sions multiplied, there [He] tormented with
death; and where there was earnest obedi-
ence, [He] granted the reward of immortality.*

*"That is the true God, Creator of us all, Whom
you, with unrestrained and loose mouth, un-
dauntedly and fearlessly revile. Abandoning
the name of the savior Jesus Christ, you call
him the son of Pantera, and a deceiver of men;
and you corrupt and dishonor heavenly re-
demption as destruction of yourself and of all
the world. For which you will [suffer] endless
revenge in the inextinguishable fire of hell,
with all your accomplices—the first, and the
middle and the last.*

Այլ մեք այսպէս գիտեմք զԱստուած, եւ ի սոյն հաւատամք յանէրկբայս:

Աստուած, որ արար զաշխարհս, նոյն եկն եւ ծնաւ ի սուրբ կուսէն Մարիամայ, յառաջագոյն նկատելով մարգարէիցն, առանց իրիք պատճառանաց մարմնաւոր կարգի: Որպէս յոչընչէ արար զայս մեծ մարմին աշխարհս, սոյնպէս առանց իրիք մարմնական միջնորդի առ զմարմինն յանփորձ կուսէն ճշմարտիւ, եւ ոչ ստուերագիր երեւմամբ: Էր Աստուած ճշմարտիւ, եւ եղեւ մարդ ճշմարտիւ. ոչ ի լինելն մարդ՝ կորոյս զաստուածութիւնն, եւ ոչ ի կալ մնալն Աստուած՝ աղաւաղեաց զմարդկութիւնն, այլ նոյն եւ մի:

Այլ քանզի ոչ կարէաք տեսանել զանտեսանելին եւ մերձենալ յանմերձենալին, եկն եմուտ ընդ մերով մարդկութեամբս, զի եւ մեք մտցուք ընդ նորա աստուածութեամբն: Ոչ անարգանս ինչ համարեցաւ զգենուլ զիւր ստեղծուած մարմինս, այլ մեծարեաց իբրեւ զաստուածաստեղծ զիւր գործ: Ոչ առ սակաւ սակաւ շնորհեաց ինչ սմա զանմահութեան պատիւն՝ իբրեւ զանմարմին հրեշտակաց, այլ միանգամայն զբոլոր բնութիւնն մարմնով, շնչով եւ հոգւով զգեցաւ, եւ միաբանեաց ընդ աստուածութեանն. միութիւն, եւ ոչ երկուութիւն. եւ այսուհետեւ մի գիտեմք զաստուածութիւնն, որ յառաջ էր քանզ աշխարհս, նոյն եւ այսաւր:

"But we thus acknowledge God, and in the same we believe without question.

"God, who created the world, himself came and was born of the holy virgin Mary, as previously indicated by the prophets, and without any cause of mortal order. Just as He had made this great body of the world out of nothing, so without any physical mediator He became truly embodied from the chaste virgin, and not as a shadowy appearance. He was truly God and truly became man. Not by becoming man did He lose godliness, nor by becoming and remaining God did he corrupt his manhood; but He was the same, and one.

"But because we could not see the invisible and approach the unapproachable, He entered our humanity, so that we might enter His divinity. He did not consider it shameful to don this created body, but He glorified His creation as divine. Nor did He little by little bestow the honor of His immortality, as the bodiless angels, but He put on all nature at once with body, breath and spirit, and united with His divinity—unity, and not duality. And thereafter we [have come to] know the one divinity, Who preceded the world [and is] the same today.

Այս Յիսուս Քրիստոս, որ յիւր մարմինն փրկեաց զբոլոր աշխարհս, սա եկն կամաւ ի մահ. եւ որպէս ինքն աստուածութիւնն զիտէ՝ թանձրացաւ յանարատ կուսէն, եւ ծնաւ եւ պատեցաւ ի խանձարուրս եւ եդաւ ի մսուր, եւ շարժեաց էած զմոգսն յարեւելից յերկրպագութիւն. սնաւ իբրեւ զտղայ կաթամբ, աճեաց եւ մեծացաւ ամս երեսուն մկրտեցաւ ի Յովհաննէ ի յամլորդւոյն իՅորդանան գետ: Արար նշանս մեծամեծս եւ արուեստս ի մէջ Հրէիցն. մատնեցաւ ի քահանայից, դատապարտեցաւ ի Պիղատոսէ Պոնտացւոյ: Խաչեցաւ, մեռաւ, թաղեցաւ, յարեաւ յաւուր երրորդի. երեւեցաւ երկոտասան աշակերտացն եւ այլոց բազմաց աւելի քան զհինգ հարիւրոցն: Եւ շրջելով ընդ նոսա զաւուրս քառասուն՝ վերացաւ ի լեռնէն Ձիթենեաց յերկինս յանդիման իւրոց աշակերտացն, ել եւ նստաւ ի հայրենի աթոռն: Խոստացաւ երկրորդ անգամ գալ ահաւոր զաւրութեամբ յարուցանել զմեռեալս, նորոգել զբոլոր աշխարհս, առնել դատաստան արդար ի մէջ արդարոց եւ մեղաւորաց, տալ պարգեւս արժանաւորաց, եւ հատուցանել պատիժս չարագործաց, որ այսմ ամենայնի բարերարութեանց ոչ հաւատան:

"This Jesus Christ, who in his embodiment re-deemed the whole world, came by his own will to die. And knowing divinity, he was formed from the unspotted virgin, and was born, and wrapped in swaddling clothes, and was laid in a manger, and drew the magi from the East to worship [Him]. He was nourished with milk as a boy, grew and came to age for thirty years and was baptized by John, son of a barren woman, in the river Jordan. He performed great signs and miracles among the Jews, was betrayed by the priests, and [was] condemned by Pontius Pilate. He was crucified, dead, buried, and arose on the third day; He appeared to the twelve disciples and to many others—more than five hundred. He spent among them forty days, and then as-cended from the Mount of Olives to heaven in the presence of His disciples, and rose and sat upon the throne of His Father. He promised to appear a second time with fearsome pow-er and to raise the dead, to renew the world, to execute true judgment among the righ-teous and sinful, to reward the worthy and to punish the malefactors, who believe not in all these benefactions.

Յայսմ հաւատոց զմեզ ոչ ոք կարէ խախտել, ոչ հրեշտակք եւ ոչ մարդիկ, ոչ սուր եւ ոչ հուր, ոչ ջուր, ոչ ամենայն զինչ եւ են դառն հարուածք:

Ամենայն ինչք եւ ստացուածք մեր ի ձեռս քո, եւ մարմինք մեր առաջի քոկան. ըստ կամաց քոց արա զինչ եւ կամիս: Եթէ սովին հաւատովք թողուս, ոչ յերկրի այլ տէր փոխանակեմք ընդ քեզ, եւ ոչ յերկինս այլ Աստուած փոխանակեմք ընդ Յիսուսի Քրիստոսի, որ չիք այլ Աստուած բաց ի նմանէ:

Ապա եթէ յետ այսր մեծի վկայութեան այլ ինչ հարցանես, աւասիկ կամք զբոլոր մարմինս տուեալ ի ձեռս քո. վաղվաղակի արա զինչ եւ կամիս: Ի քէն տանջանք եւ ի մէնջ յանձնառութիւնք. սուր քո՝ եւ պարանոցք մեր: Չեմք ինչ լաւ մեք քան զառաջինսն, որ յայսր վկայութեան վերայ եդին զինչս եւ զստացուածս եւ զմարմինս իւրեանց:

Զի եթէ անմահք իսկ էաք, եւ մարթ էր մեզ մեռանել վասն սիրոյն Քրիստոսի, արժան էր. քանզի եւ նա անմահ էր, եւ ա՛յնչափ սիրեաց զմեզ, մինչեւ մահ ի յանձն էառ, զի եւ մեք նորա մահուամբն յաւիտենական մահուանէն ապրեսցուք: Եւ եթէ նա

"No one can remove us from this belief, neither angels nor men, neither sword nor fire, nor water, nor any cruel beatings.

"All our goods and possessions are in your hands, and our bodies are before you. Do what you will. If you allow us our own faith, we shall not trade you for any other lord on earth, nor in heaven shall we exchange for another god Jesus Christ, for there is no other God than He.

"Now if you should have any questions following this great testimony, see here that we resolve to put our bodies in your hands. Now, do with them what you will; torture by you, acceptance from us. The sword is yours, the neck is ours. We are nothing better than our forefathers, who upon this attestation surrendered their goods and possessions and bodies.

"For if we were even immortal and yet we could die for the love of Christ, it would be worthy [to do so]; for He Himself was immortal, and so loved us, that He took death upon Himself, that we by His death might be saved from eternal death. And since He

> յիւր անմահութիւնն ոչ խնայեաց, մեք զի կամաւք եղաք մահկանացուք, կամաւք մեռցուք վասն սիրոյ նորա, զի կամաւք յանձն առցէ զմեզ յիւր յանմահութիւնն. մեռցուք իբրեւ զմահկանացուս. զի ընկալցի զմեր մահն իբրեւ զանմահից:
>
> Այլ դու յետ այսր ամենայնի այլ զմեզ մի՛ հարցաներ. զի ոչ եթէ ընդ մարդոյ է ուխտ հաւատոց մերոց, եթէ պատրիցիմք իբրեւ զտղայս. Այլ անլուծութեամբ ընդ Աստուծոյ, որում չիք հնար քակտել եւ ի բաց ելանել, ոչ այժմ եւ ոչ յապա, եւ ոչ յաւիտեանս, եւ ոչ յաւիտենից յաւիտեանս»:

Ի սմին մեծի հաւանութեան ամենայն բազմութիւնն միաբանեաց ի մեծամեծաց մինչեւ ցփոքունս. անսուտ երդմամբ եդին վկայութիւն՝ կենաւք եւ մահու ի նմին կալ հաստատուն:

Եւ իբրեւ եհաս նամակն յարքունիս, եւ ընթերցան ի մեծի խոնաստանի յանդիման ամենայն բազմութեան կարաւանին, բազումք այնոքիկ էին, որ իբրեւ լսէին՝ գովէին զպատասխանիսն: Թէպէտ եւ երկնչէին յահէ տէրութեանն, սակայն ի ծածուկ առ միմեանս զնոյն վկայութիւնս գովութեանց տային. առաւել քան ընդ ճարտարաբանութիւնն՝ ընդ համարձակութիւն աներկիւղութեանն զարմանային: Եւ բազումք ահաբեկեալք սկսան զրահել պնդապէս, եւ զնոյն շշնջիւն լսէին յամենայն շրթանց:

did not spare His immortality, we will willful-
ly subject ourselves to death, for love of Him,
so that He may willingly receive us in His im-
mortality. We die as mortals, that [He] may
accept our death as that of immortals.

"But ask us no more [of this], for the covenant
of our faith is not with man, so that we may
stumble like children, but [rather] indivisibly
with God, from whom [we] can be neither dis-
solved nor sundered, not now nor later, nor
forever, nor forever and ever."

With this great testament of faith, the whole multitude agreed, from the great to the small; with an honest vow, they swore to remain true to it in life and death.

When this letter arrived at the royal court, and was read in the great hall before the whole multitude of the army, many were they who rejoiced at the answer when they had heard [it]. Although they cowered in fear of the [king's] majesty, they secretly attested their praise to each other; more so than at its rhetoric, they were astonished at its fearless boldness. And many of those who were awe-struck began regain their strength, and the same murmurings were heard from all lips.

Իսկ չարասէր մոգպետն հանդերձ մեծ հազարապետաւն շնչեաց չարախաւսութիւն, եւ բորբոքեաց զթագաւորն իբրեւ զհուր անշիջանելի: Եւ սկսաւ կրճտել զատամունսն իբրեւ զաւրհասական վիրաւոր. եւ յայտ յանդիման ձայն արձակեաց առ մեծ հրապարակն եւ ասէ.

«Գիտեմ ես զչարութիւն բազմութեան մարդկանս, որ թերահաւատ են ի մերոց աւրինացս, եւ զկնի կախարդութեան մոլորեալ են անդարձութեամբ: Եւ իմ եղեալ է ի մտի, թէ ոչ ումեք թողացուցից ի մեծամեծ հարուածոցն, մինչեւ ակամայ ի բաց կացցեն յայնպիսի վրիպական աւրինաց. եթէ ոք կարի ի մերձաւորաց իցէ, զնոյն անցս եւ ընդ նա անցուցից»:

Յայնժամ ծերն դառնացեալ բանս ի ներքս ընկէց, եւ ասէ ցթագաւորն. «Առ ի՞նչ է քո այդ մեծ տրտմութիւնդ. զի եթէ կայսր չելանէ ըստ քո հրաման, եւ Հոնք կան քեզ ի ծառայութեան, ո՞ր մարդ է յերկրի, եթէ կարող է ընդդէմ դառնալ քում հրամանիդ: Տիրաբար հրաման տուր ի ներքս, եւ ամենայն որ ինչ եւ ասես՝ վաղվաղակի կատարի»:

Եւ անդէն թագաւորն ի ներքս կոչեցեալ զդպրապետն, հրամայէր գրել հրովարտակ. եւ ոչ եւս ըստ սովորութեանն, այլ բանս զայրագինս իբր առ ատելիս եւ անպիտանս, չյիշելով ամենեւին զմեծամեծ վաստակս տիրասէր մարդկանն. այլ միայն կոչոյ հրաման տուեալ յականէ յանուանէ զարս, զոր ինքն ճանաչէր, որոց անուանքն են այս:

Ի տոհմէն Սիւնեաց ՎԱՍԱԿ անուն:

Ի տոհմէն Արծրունեաց ՆԵՐՇԱՊՈՒՀ անուն:

And the malevolent mogbed along with the great hazarbed [Mihr Narseh] breathed calumny, and inflamed the king like an unquenchable fire. And he [the king] started gnashing his teeth as though mortally wounded, and [said] with a loud voice before the great assembly: "I know the wickedness of all those men who do not believe in our religion, and irredeemably err in sorcery. I have determined my mind to not spare anyone from great beatings until they reluctantly surrender their erroneous religion; [and even] if he be close to me, I will inflict the same [punishments]."

Then the embittered old man [Mihr Narseh] interposed, and said to the King: "What is your great vexation for? For if the caesar does not abjure your command, and the Huns are subject to your dominion, what man on the earth can possibly turn against your command? Issue a royal decree, and whatever you say will be at once accomplished."

The King then called in his scribe, and commanded him to write an edict; and not in the customary style, but with furious words, as though to detestable and useless [people]—not remembering at all the great profits of these men [who were] faithful to their master—but summoning name by name only those whom he recognized, whose names were:

Of the house of Syunik, Vasak;
Of the house of Artsrunik, Nershapuh;

CHAPTER II

Ի տոհմէն Ռըշտունեաց ԱՐՏԱԿ անուն։

Ի տոհմէն Խորխոռունեաց ԳԱԴԵՇՈՅ անուն։

Ի տոհմէն Մամիկոնէից ՎԱՐԴԱՆ անուն։

Ի տոհմէն Մոկաց ԱՐՏԱԿ անուն ։

Ի տոհմէն Ապահունեաց ՄԱՆԷՃ անուն։

Ի տոհմէն Ամատունեաց ՎԱՀԱՆ անուն։

Ի տոհմէն Վահեւունեաց ԳԻՒՏ անուն։

Ի տոհմէն Անձեւացեաց ՇՄԱՒՈՆ անուն։

Զայս նախարարքս յականէ յանուանէ կոչեցին ի դուռն արքունի, եւ կէսքն առ նմա իսկ էին ի կարաւանին, եւ այլքն ի կողմանց հիւսիսոյ ի Հոնաց պահակին. թողեալ էր զոմանս ի նախարարացն անդէն յաշխարհին Հայոց։

Արդ թէպէտ եւ ոչ համագունդ ի միոջ վայրի դիպեցան ամենեքեան, սակայն յառաջագոյն գիտացեալ զխորհուրդս չարաբարոյ բռնաւորին, եւ զհեռաւորսն եւս իբրեւ զմերձաւորս ի միոջ վայրի առ միմեանս համարէին։

Եւ ի ձեռն սրբոյն Յովսեփու եպիսկոպոսի նովին ուխտիւ հաստատեալ՝ խաղացին գնացին յիւրաքանչիւր տեղեաց ի դուռն արքունի։ Եւ յոյժ փութային վասն եղբարց եւ որդեաց եւ սիրելի դայեկասնունդ բնակացն, որ չարաչար կային ի մեծի նեղութեանն։ Վասն որոյ եւ նոքա զանձինս ի մահ մատնեցին՝ ոչ ինչ զանգիտելով իբրեւ զանարի վատասիրտս. այլ յոյժ քաջութեամբ պնդեցին զանձինս, զի թերեւս կարասցեն փրկել զնոսա ի մեծամեծ հարուածոցն։

Եւ իբրեւ հասին ի դուռն արքունի, ի մեծի շաբաթու զատկին յանդիման լինէին թագաւորին։ Բայց թէպէտ եւ

Of the house of the Rēshdunik, Artak;

Of the house of the Khorkhorunik, Gadesho;

Of the house of the Mamikonians, Vartan;

Of the house of Mokk, Artak;

Of the house of the Apahunik, Manēj;

Of the house of the Amatunik, Vahan;

Of the house of the Vahunik, Giwt;

Of the house of the Antsewatsik, Shmavon.

These nakharars were summoned name by name to the royal court; half of them were already near him and in the army, and others were in the northern regions in the garrison of the Huns—some of the nakharars he had left behind, in the land of the Armenians.

Now, although they were not all together in one place, they nevertheless recognized in advance the design of the evil despot, and those who were far away and those who were nearby considered one another [to be] in the same place.

And being established in the same covenant by the hand of the holy bishop Hovsep, they went forth—each from his place—to the royal court. They made great haste [out of concern for their] brothers and sons and dear foster brothers, who were in great trouble. They therefore prepared [to] deliver themselves to death, not unknowingly as weak [and] faint of heart, but with great virtue they asserted themselves, so that they might perhaps save [their loved ones] from great afflictions.

When they reached the royal court, it was on the Great Sabbath before Easter that they appeared before the king. Though

տեսանէին զեղբարս իւրեանց ի մեծամեծ վիշտս տառապա-
նաց, որ վասն անուանն Քրիստոսի ճգնեալք էին պնդապէս,
ոչ ինչ տրտում եւ տխուր զերեսս ցուցանէին հրապարակին:
Եւ որչափ նոքա զուարթագին երեւէին ամենեցուն, առաւել
զարմանային չարասէրքն:

Եւ զի աւրէնք էին յառաջ ժամանակաւ, յորժամ ի Հայոց
այրուձի ի դուռն երթայր ի ձեռն պատուաւորի զաւրագլխի
ուրուք, այր ընդ առաջ յղէր, եւ հարցանէր զողջոյն եւ զխա-
ղաղութիւն Հայոց աշխարհին, եւ երկիցս եւ երիցս անգամ
զնոյն առնէր, եւ զիանդէս զնդին ինքնին տեսանէր եւ յա-
ռաջ քան ի գործ պատերազմին հասանել զգալն իսկ առ նա՝
մեծ շնորհակալութիւն համարէր, եւ առաջի աթոռակցացն
իւրոց եւ ամենայն մեծամեծացն՝ գովութիւն մատուցանէր
ամենեցուն, եւ յիշէր զնախնեացն զվաստակս, եւ զառն առն
քաջութիւն պատմէր նոցա:

Իսկ այն աւր եւ ոչ մի ինչ յայտնանէ ամենեւին ինչ ոչ
յիշեաց. այլ իբրեւ զչարադեւ մի՝ ոչ դադարէր յուզել եւ շարժել
զբուք ձմերայնոյ: Որպէս եւ նմանեալ իսկ էր ծովածուփ
ալէկոծ խռովութեան, ոչ դուզնաքեայ վերի վերոյ, այլ ան-
դստին յանդնդոց բարձրանայր փրփրեալ կուտակեալ, վիշա-
պաձայն որոտալով, գազանաբար գոչելով առհասարակ դո-
ղացուցանէր զտիեզերական զիւր իշխանութիւնն, որպէս զի
փլեալ տարածանից ի համատարած ամենայն ի վերայ լե-
րանց, խորոց, ձորոց՝ ապականել միանգամայն զլայնութիւն
դաշտացն վայելչութեան:

they saw their brethren in great danger and misery (who for the sake of Christ's name were firmly endangered) showed neither downcast nor sorrowful faces before the assembly. And the more joyous they [thus] appeared to everyone, the greater was the surprise of the malevolent ones.

And it was customary in former times, [that] when the Armenian cavalry went to the [royal] court headed by a distinguished general, [the king would] send a man to meet them, and ask how things fare and of the peace in the land of the Armenians, twice and three times, and to inspect the troops himself. And for their arrival before war, [he] would show great thanks, and praise them all before his colleagues and all the grandees, and recall the service of [their] ancestors, and tell of the valiance of each man.

On that day, no one remembered this at all; but, like an evil demon he did not cease to ignite and provoke a snowstorm. [He] resembled the uproar of a stormy and tempestuous sea, not merely on the surface, but rising from its depths, foaming and crashing, thundering like the sound of a dragon, shouting like a beast, and filling his entire kingdom with general alarm, as though it would collapse upon all the mountains, depths and valleys, and destroy at once the expanse of the beautiful plains.

CHAPTER II

Մոնչելով բարբառ արձակեալ եւ ասէ. «Երդուեալ իմ յարեգակն, ի մեծնաստուած, որ ճառագայթիւքն իւրովք լուսաւորէ զամենայն տիեզերս, եւ ջերմութեամբն կենդանածնէ զամենայն գոյացեալսն, եթէ ոչ վաղիւ ընդ առաւաւտն, ընդ երեւումն սքանչելոյն, ընդ իս իւրաքանչիւր ծունր նմա ոչ կրկնեսջիք՝ խոստովանելով զնա աստուած, ոչ ինչ թողացուցից ձեզ՝ զամենայն նեղութիւնս չարչարանացն ի վերայ ածելով, մինչեւ ակամայ կատարիցէք զկամս հրամանաց իմոց»:

Իսկ հաւատացեալքն հաստատեալք ի Քրիստոս՝ ոչ ի սառնամանեաց ձմերայնւոյն հովանային, եւ ոչ ի տապոյ խորշակին ջեռնուին, եւ ոչ յահագին ձայնէն սարսէին, եւ ոչ ի սպառնալեաց տանջանացն զանգիտէին. այլ ի վերհայեցեալք՝ զզաւրութիւնն Քրիստոսի յաւգնութիւն եկեալ տեսանէին, եւ զուարթագին դիմաւք եւ համեստ բանիւք յառաջ մատուցեալ՝ տային պատասխանի թագաւորին.

«Խնդրեմք ի քէն, արքայ քաջ, ունկն դիր սակաւ բանից մերոց, եւ քաղցրութեամբ լուր զոր ասելոցս եմք:

«Քանզի յիշեցուցանեմք քեզ զժամանակն Շապհոյ արքայից արքայի, որ էր հայր հաւուն քո Յազկերտի, եւ ետ նմա Աստուած զերկիրն Հայոց ի ծառայութիւն սովին աւրինաւք, որով եւ մեք իսկ վարիմք այժմ. եւ հարքն մեր եւ հաւք հարցն մերոց կացին նմա ի ծառայութեան վաստակս, եւ սիրով կատարէին զամենայն հրաման բանի նորա, եւ բազում անգամ ի նմանէ մեծապարգեւք լինէին: Եւ յայնց ժամանակաց մինչեւ ի քո հայրենի աթոռդ՝ եւ մեք զնոյն ծառայութիւն ծառայեցաք. բայց թերեւս քեզ լաւագոյն քան զառաջնոցն»:

With a roar he called out and said, "I have sworn by the Sun, the great god, who with its rays shines upon the entire world, and by its warmth animates all existence; [and] if tomorrow morning, at its marvelous appearance, every knee does not bow to it and confess it as god, I shall not cease to bring upon you all [manner of] troubles and suffering, until you, albeit unwillingly, conform yourselves to the desire of my command."

But the [Christian] believers, [who were] established in Christ, were not cooled by the icy windstorm, nor scorched by hot winds, nor shaken by the formidable voice, nor [did they] turn away from the threat of torture; yet looking up, they saw that the strength of Christ had come to their help and with joyful faces and modest words, they answered the king:

"Pray, excellent King, give ear to our few words, and listen gladly to what we will say.

"We remind you of the time of Shapur [II], King of Kings, who was the father of your grandfather, Yazdegerd and to whom God gave the land of the Armenians in servitude with the same religion by which we now yet live. And our fathers, and the grandfathers of our fathers, obediently served him, and courteously fulfilled all his commands, and were frequently much distinguished by him. And from that time until [your accession to] the throne of your fathers, we have performed the same service, and perhaps better for you than [your] predecessors."

CHAPTER II

Զայս ասելով ցուցանէին զքաջութիւն արութեանցն լաւագոյն քանզ առաջնոցն ըստ զինուորութեան կարգի: Իսկ զմտից եւ զսակից, եւ որ այլեւս էին հարկ աշխարհին, բազմագոյն քան առ հարբն նորա երթայր յարքունիս: «Նա եւ ի սուրբ եկեղեցւոյն, որ էր ազատ ի Քրիստոս ըստ կարգի նախնեացն մերոց ի սկզբանէ, եւ դու ընդ հարկաւ եդիր. եւ մեք առ սէր քոյոյ տէրութեանդ ոչ ինչ ընդդիմացաք քեզ: Արդ վասն է՞ր յուզեալ իցէ ցասումնս այս ի վերայ մեր. ասա դու մեզ զպատճառս վնասուն. եթէ աւրէ՞նքն մեր պատճառք իցեն անվաստակ լինելոյ առաջի քո»:

Իսկ չարադեւն լի ամենայն նենգութեամբ՝ զերեսս ի մի կոյս դարձուցեալ եւ ասէ. «Վնաս համարիմ ընդունել ի գանձ արքունի զհարկս աշխարհին ձերոյ, եւ անաւգուտ զքաջութիւն արութեան ձերոյ. քանզի տգիտաբար մոլորեալ էք ի ճշմարիտ աւրինացս մերոց, եւ զաստուածս անարգէք եւ զկրակ սպանանէք եւ զջուրս պղծէք, եւ զմեռեալս ի հող թաղելով զերկիր ապականէք, եւ քրպիկար չառնելով ոյժ տայք Հարամանոյ. եւ որ մեծ քան զամենայն, զի հանապազ ի կանայս ոչ մերձենայք. եւ մեծապէս լինի դիւաց խնդութիւն, չխրատելով ձեր եւ չպահելով զամենայն կարգս մոգաց: Տեսանեմ զձեզ իբրեւ զխաշինս ցրուեալս եւ վայրատեալս յանապատի, եւ յոյժ զեղջ է մտաց իմոց, թէ զուցէ աստուածքն բարկացեալ վասն ձեր՝ ի մէնջ վրէժս առնուցուն: Այլ դուք եթէ կամիք կեալ եւ կեցուցանել զանձինս ձեր եւ մեծարանաւք անդրէն յուղարկիլ, զոր ասացի՝ վաղիւ վաղվաղակի կատարեցէք»:

In saying this, they showed their courage and valor in military rank to be greater than [that of] their ancestors. And their tributes and dues, and all other taxes on the land, flowing into the court was [now] greater than [in the days of] his father. "And upon the holy church, which had been free in Christ from the beginning according to the arrangement of our ancestors, you levied taxes—and we, out of love for your lordship, did not resist you at all. Now, why has this anger been provoked against us? Tell us why we have been accused. Is our religion a cause for our seeming to be profitless to you?"

Then the evil demon, full of every guile, turned his face to one side and said: "I consider it a detriment to accept into the royal treasury the tributes of your land, and your valor of no benefit—for you ignorantly err from the truth of our religion, and dishonor our god and kill the fire and defile the water, and by burying your dead [you] corrupt the earth, and by not fulfilling [your] good works, you render assistance to Ahriman. And above all, you do not always touch women; and great is the joy of the demons when you do not take correction and do not follow all the institutions of the magi. I view you as a flock that has scattered and forsaken in the wilderness, and I fear greatly [that] the gods may become angry because of you and take their revenge upon us. But if you wish to live and save yourselves and return to being honorable, [then] do as I said right away."

Յայնժամ երանելի նախարարքն առ հասարակ զձայնս իւրեանց բարձինեւ ասեն յանդիման ամենեցուն. «Մի՛ դու, արքայ, եւ մի՛ զայդ այլ առ մեզ ասեր. քանզի ոչ է եկեղեցի շինուած մարդոյ, եւ ոչ տուրք արեգական, որպէս դուդ այլ ընդ այլոյ կարծես՝ թէ աստուած իցէ. ոչ միայն զի աստուած չէ, այլ եւ կենդանի չէ: Այլ եկեղեցիք ոչ են պարգեւք թագաւորաց, եւ ոչ արուեստ ճարտարութեանց, եւ ոչ գիւտք իմաստնոց, եւ ոչ աւար քաջութեան զինուորաց, եւ ոչ պատիր խաբէութիւնք դիւաց. նա եւ բնաւ իսկ ամենեւին զինչ եւ ասացես յերկրաւորացս, կամ ի վեհից կամ ի վատթարաց, բնաւ ուրեք եկեղեցի ի նոցանէ ոչ գտցի: Այլ շնորհք են մեծին Աստուծոյ, ոչ միում ումեք ի մարդկանէ տուեալ, այլ ամենայն բանաւոր ազգաց, որք վիճակեալք են ի բնակութիւն ի ներքոյ արեգականս: Հիմունք նորա եդեալ են ի վերայ հաստատուն վիմի. ոչ ներքինք շարժել կարեն. եւ ոչ վերինք դրդուեցուցանել: Եւ զոր երկինք եւ երկիր ոչ դողացուցանէ, մի՛ ոք ի մարդկանէ խրոխտասցի յաղթել նմա: Հա՛պա, որով աւրինակաւ զինչ կամիս առնել, կատարեա. պատրաստ եմք ամենեքեան առ ամենայն մեքենայս հարուածոցն տանջանաց, զոր սպառնացար. ոչ միայն ի չարչարել, այլ եւ ի մեռանել: Եւ եթէ դարձեալեւս զնոյն բանս հարցանես, ի միոջէ միոջէ լուիցես առաւել քան զդոյն պատասխանի»:

Յայնժամ դառնացեալ քան զլեղի թագաւորն՝ փլուզանէր անդէն իփորին զծով կամաւոր մաղձոյն իւրոյ. եւ ընդ քիթսն եւ ընդ բերանն առ հասարակզոլոշի ջերմախառն ելանէր, իբրեւ ի սաստիկ հնոցէ ծուխ թանձրացեալ:

Then the blessed nakharars raised their voices and declared before all: "Do not, O King, do not say this to us anymore; for the church is not made by men, nor given by the sun, which you and others take for a god—not only is it not a god, it is not even animate. And churches are not gifts of kings, and not constructed from [man's] skill, and not discoveries of the wise, and not the spoil of valiant armies, and not the deception of demons. Hereafter, whatever you say of us worldly beings, whether grand or ill, none of us have ever founded a church. They [churches] are a blessing from the great God, which [He] has not given to one man, but to all rational peoples who were made to live beneath the sun. Its foundation is established on firm stone, which [neither] those above can move, nor those below. And that which heaven and earth cannot remove, let no man boast of conquering. Thus, in whichever way you resolve to act, do so; we are prepared for all machinations of torments and sufferings with which you threaten us—not only torture, but also death. And if you ask the same question, so often will you hear from each [no] more than this answer."

Then the king, turning more bitter than gall, poured forth the sea of willful bile from his stomach, and from his nose and mouth emanated warm vapor, like thick smoke from a furnace.

Եւ առ չհանդուրժել սրտին իւրոյ՝ կոտորէր զզաւրութիւն մարմնոյն, եւ ծակոտէր զբազմամթեր աման խորհրդոցն, ցրուէր եւ վատնէր զամենայն խորհուրդն նենգութեան: Եւ զոր ոչ երբէք կամէր իւրոց սիրելեացն յայտնել, ակամայ առաջի ծառայիցն Քրիստոսի մերկանայր եւ դնէր զամենայն կարգաւ:

Երեքկնէր եւ չորեքկնէր զանսուտ երդումն յարեգակն, եւ ասէր այսպէս. «Ոչ կարէք աւերել զանխաբ ամուրս իմ. եւ ոչ որում ցանկացեալդ էք՝ վաղվաղակի տամ գտանել ձեզ. այլ զամենեսեան զձեզ եւ որ ի գնդիս են՝ չարաչար կապանաւք ի Սագաստան տամ անցուցանել ընդ անճանապարհ տեղիս, որ եւ բազումք ի ձէնջ ի խորշակէ յերթալն սատակիցին, եւ մնացեալքն անկցին ի բերդս ամուրս եւ ի բանդս անելս: Եւ ի ձեր աշխարհին առաքեցից զաւրս անթիւս հանդերձ փղաւք, եւ զկին եւ զորդիս ի Խուժաստան տամ խաղացուցանել. եւ զեկեղեցիս եւ զոր անուանէք վկայարանս՝ քակեցից, քանդեցից եւ յապականութիւն դարձուցից. եւ եթէ ոք ընդդէմ դարձեալ գտցի, կոխան եղեալ գազանաց՝ անողորմ մեռանիցի: Եւ զամենայն ասացեալս արարից եւ կատարեցից առ մնացորդս աշխարհին»:

Եւ վաղվաղակի հրամայէր զպատուական նախարարսն հանել մեծաւ անարգանաւք յերեսաց իւրոց. եւ զգուշութեամբ հրաման տուեալ դահճապետին՝ առանց կապանաց յիւրաքանչիւր վանս պահել, եւ ինքն զառածեալ անդրէն դառնայր անմխիթար տրտմութեամբ զաւթեւանս ազանէր:

His heart could not bear it, destroying the strength of his body, piercing the brimming vessel of his designs, [and] scattering and dissipating all his deceitful thoughts. And [that] which he did not resolve to reveal to his friends, [he] involuntarily revealed in detail before the servants of Christ.

Three or four times he swore an undisguised oath to the sun, and said: "You cannot ruin my inviolable fortresses, nor will I allow you to acquire immediately that which you desire. But all of you and those [among you] who are in my army, I will [take] with crushing chains to Sagastan through impassable places, where the greater part of you will die on the way from the heat, and the remainder will be thrown into a strong fortress and inescapable prison. I will send into your country an innumerable force with many elephants, and your wives and children will be driven to Khuzestan; and your churches and [those] which you call martyria I shall demolish, destroy and ruin; and if anyone is found to resist [this], he shall be trampled by wild beasts and die mercilessly. And all that I have said I will act on and visit upon those who remain in your land."

And he immediately ordered the distinguished *nakharars* to be led away from his sight in shame, and carefully commanded his chief executioner to lodge each of them [separately] unbound, and he himself returned again to comfortless despair in his quarters.

CHAPTER II

Իսկ հաւատացեալքն ճշմարտութեամբ ի Քրիստոս՝ ոչ ինչ երկմտութեամբ թերահաւատէին յառաջին խրատուէ սուրբ վարդապետացն իւրեանց. այլ տակաւին ի խնդիր էին հնարիցն, թէ ո՛րպէս զանձինս եւ զսիրելիս հանցեն ի մեծ նեղութենէն: Եւ բազում անգամ ջանալով, եւ մեծամեծացն՝ որ աւգնականք էին նոցա ի Դրանն արքունի՝ խոստմունս մեծամեծս առաջի դնէին նոցա առ ի այս կարաււոյ, եւ ոչ սակաւ զանձս առժամայն ծախէին նոցա:

Եւ իբրեւ յամենայն կողմանց եկն փակեցաւ անել արգելան նոցա, յայնժամ զխորհուրդն Աբրահամու ի մէջ առեալ՝ աղաղակէին եւ ասէին ի սիրտս իւրեանց. «Ամենեցուն մեր նուիրեալ եւ եղեալ զեղբարս եւ զորդիս եւ զամենայն սիրելիս ընդ կապանաւք իբրեւ զԻսահակ ի վերայ սուրբ սեղանոյն, ընկալ, Տէր, զկամաւոր պատարագս մեր, եւ մի՛ տար զեկեղեցի քո յայպն կատականաց անաւրէն իշխանիս այսորիկ»:

Մի ոմն ի ներքին խորհրդակցացն արքայի ի ծածուկ ունէր զանքակ սէրն ի Քրիստոս, քանզի մկրտեալ իսկ էր յաւազանն կենդանի, եւ մեծապէս հոգտանէր հնարից կենաց վշտացելոցն: Եւ իբրեւ ստուգեաց ճշմարտիւ, եթէ զոր սպառնացաւ թագաւորն զամենայն չարիսն՝ կամի անցուցանել ընդ աշխարհն Հայոց, թէպէտ եւ ոչ ամենեցուն՝ այլ սակաւուց ի նոցանէ ուսոյց զխրատ հնարից՝ զի առ անգամ մի ի նեղութենէ անտի զանձինս ապրեցուսցեն:

Եւ մինչդեռ զունդ կազմէին, որ զնոսա շկաւթակ արասցեն յանդարձ աւտարութիւն, որպէս զբազում նախարարսն ի

But the true believers in Christ did not at all draw back in doubt of the initial advice of their holy *vardapets*; but still they were devising means to remove themselves and their friends from this great trouble. And trying many times, the grandees who had helped them in the royal court were promised great things, and at the same time given no small [amount of] riches.

And when their ineluctable prison was locked on all sides, the thought of Abraham occurred to them and they cried and said in their hearts: "We have all offered our brothers and sons and all our loved ones, bound like Isaac on the holy altar. Receive, O Lord, our voluntary oblation, and do not deliver your Church to the ridicule and mockery of this lawless prince."

One of the king's advisors had in secret an indestructible love of Christ, for he had been baptized in the font of life, and took great care to save the lives of those who were afflicted. And when he confirmed that the king threatened to take out all his malice on the land of the Armenians, he advised some, but not all of them, of the means by which to extricate themselves from their trouble for a time.

And while they were gathering an army to send into exile without return, as they had done with many nakharars of the

CHAPTER II

Վրաց աշխարհէն արարին, ի նմին ժամանակի գուժկան հասանէր ի կողմանցն Քուշանաց, եթէ գունդ հատուի թշնամեացն, որ եկին աւերեցին զգաւառս բազումս արքունի: Եւ այս լինէր մեծ աւգնականութիւն նոցա յերկնից: Եւ անաւրէնն ճեպեալ տագնապէր զայրուձին յառաջ արձակել, եւ ինքն փութով ստէպ զհետ երթայր. եւ ի խոր խոցեալ զխորհուրդսն՝ ցրուէր զառաջին հաստատուն երդումն:

Իսկ երկիւղածացն Տեառն զայս տեսեալ՝ մեծաւ յուսով աղաւթս առնէին եւ ասէին միաբան. «Դու Տէ՛ր ամենայնի, որ գիտես զծածկեալս սրտից մարդկան, եւ յայտնի են առաջի քո ամենայն աներեւոյթք խորհրդոց, եւ ոչ ինչ խնդրես վկայութիւն յերեւելեացս, որպէս զի եւ զանգործս մեր տեսանեն աչք քո, արդ առաջի քո հեղումք զխնդրուածս մեր: Ընկալ, Տէր, զծածկութիւն աղաւթից մերոց, եւ կատարեա զմեզ ի համօրյս պատուիրանաց քոց, զի ամաչեսցէ չարն, որ խրոխտացեալ մարտնչի մեզ իշխանութեամբ անաւրինին: Շարժեա, Տէր, զկամակոր խորհուրդս նենգաւորին, եւ խափանեցո զկամս ամբարշտութեան նորա, եւ դարձո զմեզ խաղաղական խորհրդով անդրէն իւուրբ եկեղեցին. զի մի՛ յանկարծակի յափշտակեալ աւերեսցի չարաչար ի թշնամեաց»:

Եւ անձամբք իւրեանց զայս ուխտ եդեալ անքակութեամբ ընդ Աստուծոյ, զի հաստատուն կացցեն ըստ առաջին խորհրդոցն, պատգամ ի ներքս յղէին զնոյն խրատտուն իւրեանց, իբր թէ կատարեսցին կամք անաւրէնութեան նորա:

land of Georgians, at the same time a messenger arrived bearing unhappy news from the land of the Kushans: that a detachment of the enemy had broken loose, and destroyed many provinces of the kingdom. And this was a great boon to them [the Armenians] from heaven. The abominable [king] hastily panicked to send forth his cavalry, and himself diligently followed them. And his intentions being wounded, he broke his former firm oath.

When they who feared the Lord saw this, they became filled with hope, and said in prayer all together: "O Lord of all, Who know the hidden things of men's hearts, and before Whom all invisible thoughts are evident, Who demand no testimony to that which is perceptible, for Your eyes see that which is latent, now before you we pour forth our prayers! Receive, Lord, our secret prayers, and make us take favor in your commandments, and humble the evil [one], who arrogantly combats us with his lawless rule. Shake, Lord, the crooked plan of the deceiver, and encumber his impious will, and lead us with peaceful thoughts back to the holy Church, so that it may not be suddenly attacked and ruined by the wicked enemy."

And having themselves made this vow of indissolubility with God that they would remain firm in their former resolve, they sent a message with their same advisor as though they would conform to his [the king's] impious will.

CHAPTER II

Զայն իբրեւ լուաւ թագաւորն՝ յոյժ ցնծացեալ բերկրեցաւ, կարծեցեալ զդիսն հաստանել նմա յաւգնականութիւն, շրջեալ եւ աւերեալ զհաստատուն խորհուրդս ծառայիցն Աստուծոյ. եւ ահա մատուցանեն երկրպագութիւն արեգական, պատուեալ զնա զոհիւք եւ ամենայն աւրինաւք մոգութեանն:

Եւ զայն ոչ կարաց իմանալ ցնորեալն, եթէ անստուեր լոյսն արեգականն արդարութեան սպառէր եւ մաշէր զխաւարային խորհուրդս նորա, եւ եղծեալ ապականէին զամենայն խեղաթիւր կամս նորա: Եւ կուրացեալ ի ճշմարիտ յայտնութենէն՝ ոչ ինչ իմացաւ զպատրանս խաբէութեանն, որով վրիպեացն: Հեղոյր արկանէր առաջի նոցա զպարգեւս երկրաւորս, եւ վերստին ամենեցուն զպատիւս եւ զգահս նորոգէր, յառաջ մատուցանելով եւ երեւելի առնելով ընդ ամենայն տիեզերական իշխանութիւնն: Եւ անբաւ առատութեամբ ազարակս եւ աւանս միում միում նոցա յարքունուստ շնորհէր. սիրելիս եւ բարեկամս կարդայր զնոսա, եւ առ հպարտ յանդգնութեան մտացն կամակորութեան՝ կարծէր եթէ փոխանակիցի ճշմարտութիւնն ընդ ստութեան:

Եւ զայս արարեալ, բազում այրուձի գումարէր ընդ նոսա, եւ ի մոգուցն ոչ սակաւս, աւելի քան զեւթն հարիւր վարդապետս յղէր ընդ նոսա, եւ զմեծ ոմն իշխան մոգպետ կացուցանէր ի վերայ նոցա: Խոնարհէր եւ աղաչէր պատուիրելով, թէ մինչ ես ի պատերազմէս դարձեալ գայցեմ խաղաղութեամբ, ձեր արարեալ եւ կատարեալ իցէ զամենայն

When the king heard this, he rejoiced exceedingly, supposing that the gods had arrived to assist him, and had overturned and destroyed the firm resolution of the servants of God. And behold, they offered to worship the sun, honoring it with offerings and all the customs of the magi.

But the deranged one could not understand that the undimmed light of the sun of righteousness was wearing down and consuming his dark intentions, and corrupting his depraved will. And blinded by the true revelation, he did not at all understand the deceitful trickery with which they caused him to err. He poured out before them earthly gifts, and renewed their honors and distinctions, elevating them and distinguishing them throughout his [entire] worldly dominion. And to each of them he bestowed an infinite abundance of farms and villages of royal land; he called them dear friends, and in the rashness of his perverse mind, he thought that truth could be exchanged for a lie.

And having done this, he assembled a large cavalry [unit] for them, and many magi, and sent more than 700 teachers with them, and appointed over them a great prince as mogbed. Humbly and pleadingly, he ordered, "Until I return in peace from this war, you shall have carried out everything

ըստ կամաց իմոց: Եւ այսպէս շքով եւ պատուով առաջնորդէր նոցա զերկայնութիւն ճանապարհին անդրէն յերկիրն Հայոց: Եւ ինքն աւետիս խնդալիս առաքէր յատրուշանս բազումս, գրէր եւ ցուցանէր մոգաց եւ մոգպետաց եւ ամենայն մեծամեծաց կողմանց կողմանց աշխարհաց՝ ո՛րպէս դիցն աւգնականութեամբ զգործ քաջութեան իմոյ յառաջ մատուցեալ:

Իսկ խոհերականքն այնուհետեւ յարուցեալ յիւրաքանչիւր խաւարային դարանաց՝ իղձք լինէին վաղվաղակի զհրամանն կատարել. ձայն արարեալ յաշխարհս հեռաւորս՝ միանգամայն խաղալ գնալ յերկիրն արեւմտից: Եւ մինչ չեւ հասեալ էին ի մեծ աշխարհն Հայոց, փայտ ընկենուին եւ վիճակս արկանէին, թէ ո՛ր լեզու որո՛ւմ դասու հասցէ յաշակերտութիւն: Զի առհասարակ հրաման առեալ էր յարքունուստ, որպէս Հայոց աշխարհին, նոյնպէս եւ Վրաց եւ Աղուանից եւ Լփնաց, Աղձնեաց եւ Կորդուաց եւ Ծաւդէից եւ Դասն եւ որ այլ եւս ուրեք ուրեք ի ծածուկ յիշխանութեանն Պարսից ունէին զքրիստոնէութիւն:

Եւ անզգայ յարձակմամբ յաւարի առնուլ փութային զզանձս սուրբ եկեղեցեացն, եւ իբրեւ զդեւս այնուհետեւ միմեանց պատահէին: Եւ լինէր գունդ զաւրաց բազմաց, եւ չարասէրն սատանայ իբրեւ զաւրավար ի մէջ նոցա երեւէր, եւ անդադար յորդորելով զամենեսեան ճեպեալ փութացուցանէր: Կէտ եդեալ զժամանակն՝ զամիսն վեցերորդ, տազնապէին եւ ստիպէին արքունի հրամանաւ:

according to my will." With such honor and esteem he sent them on their journey to the land of the Armenians. And he sent joyful tidings to many fire temples, wrote and announced to all the magi and mogbeds and all the magnates in all quarters of the land how "with the help of the gods, I have accomplished my valiant work."

But the unclean ones thereafter each broke from their dark ambushes, eager to fulfill the command immediately; they called out to distant lands, to go at once into the West. And before they had reached the land of Greater Armenia, they threw wood [to] cast lots [to decide on] who would instruct the students. For they had taken general orders from the royal court [to teach] not only the land of Armenia, but also Georgia, Aghuank, Lp'ink, Aghdznik, Korduk, Tsavdēik, Dasn, and all those who secretly followed Christianity in the dominions of the Persians.

And with a senseless attack they hurriedly robbed the treasures of the holy churches, and like demons thereafter gathered together. And a great force gathered, and the malicious devil appeared among them like a general, incessantly inciting them all to hurry. Appointing [them with] a term of six months, they strained and hastened to execute the royal ordinance.

«Մինչեւ ի նաւաարդէ ի նաւաարդ, ասէ, յամենայն տեղիս՝ որ իցեն ընդ իշխանութեամբ թագաւորին մեծի, բարձցին կարգք եկեղեցւոյ, փակեսցին եւ կնքեսցին դրունք սուրբ տաճարացն, գրով համարով առցին նուիրեալ սպասքն յարքունիս, լռեսցեն ձայնք սաղմոսացն եւ դադարեսցեն ընթերցուածք անսուտ մարգարէիցն։ Քահանայք մի՛ իշխեսցեն ի տունս իւրեանց ուսուցանել զժողովուրդս, եւ հաւատացեալքն ի Քրիստոս՝ արք եւ կանայք, որ բնակեալ են յիւրաքանչիւր մենանոցս, փոխեսցեն զհանդերձս իւրեանց ըստ աշխարհական կարգաց։

Դարձեալ եւ կանայք նախարարացն կալցին զուսումն վարդապետութեան մոգացն։ Ուստերք եւ դստերք ազատաց եւ շինականաց կրթեսցին ի հրահանգս նոցուն մոգաց։ Կարճեսցին եւ արգելցին աւրէնք սուրբ ամուսնութեան, զոր ունէին ի նախնեաց ըստ կարգի քրիստոնէութեանն. այլ փոխանակ ընդ կնոջ միոյ՝ բազում կանայս արասցեն. զի աճեսցեալ բազմասցին ազգք Հայոց։ Դստերք հարանց լինիցին, եւ քորք՝ եղբարց. մարք մի՛ ելցեն յորդւոց, այլ եւ թոռունք ելցեն յանկողինս հաւուց։

Պատրուճակք մի՛ մեռցին անյազ, եթէ յաւղեաց իցէ եւ եթէ յայծեաց եւ եթէ յարջառոց եւ եթէ ի հաւուց եւ եթէ ի խոզաց։ Հայսք առանց փանդամի մի՛ զանգցին. ծիւք եւ քակորք ի կրակ մի՛ եկեսցեն. ձեռք առանց գումիզոյ մի՛ լուասցին. շնջրիք եւ աղուէսք եւ նապաստակք մի՛ մեռցին։ Աւձք եւ մողէսք,

"From Navasard to Navasard[11]", he said, "in all places that are in the dominion of the Great King, the services of the church shall be stopped, the doors of the holy temples closed and sealed, the holy vessels accounted for and taken to the royal court, the singing of the Psalms silenced, and the reading of the true prophets discontinued. The priests shall not be at liberty to teach people in their houses, and the believers in Christ, men and women, who dwell in their own hermitages, shall be forced to exchange their clothing to the worldly type.

"Similarly, the nakharars' wives must accept the teaching and doctrine of the magi. The sons and daughters of the nobles and peasants shall be educated by the instruction of the same magi. They shall cancel and abolish the customs of holy matrimony, which they had from their forefathers according to Christian rites; and instead of one wife they shall take many, to increase and multiply the Armenian people. The daughters shall be [wives] for [their] fathers, and the sisters for [their] brothers; but mothers not for sons, although grandchildren shall ascend the couch with [their] grandparents[12].

"Sacrificial animals should not be slaughtered without being offered [to the gods], whether they be sheep, goats, cattle, fowl, or pigs. Dough shall not be kneaded without a veil; excrements and dung shall not be thrown into the fire; the hands shall not be washed without bull's urine[13]; beavers[14] and foxes and hares shall not be killed. Snakes and lizards,

---

11   Navasard (August) was the first month of the Armenian year.
12   Part of the Zoroastrian custom of 'xwedodah' (conosanguine marriage),
13   Disinfecting oneself with bovine urine ('gōmēz') was a Zoroastrian purification rite.
14   Alternatively, otters.

գործք եւ մրջմունք, եւ որ այլ եւս խառնափնդոր բազմաճճիք են, մի՛ կայցեն, այլ վաղ թուով համարով ի մէջ բերցեն ըստ արքունի չափոյն: Եւ որ այլ եւս ինչ սպասք իցեն, կամ զռհից կամ սպանդից, ըստ տաւնական կարգին՝ տարեւորթուականին, եւ ըստ կապճաթիւ մոխրաչափ կարգին:

Զայս ամենայն զոր ասացաք՝ առ ժամանակ մի մինչեւ ի գլուխ տարւոյ կատարեսցեն ամենեքեան. եւ զայլն ամենայն առ յապա պատրաստեսցեն»:

Իսկ զայս ամենայն հրաման պատուիրանաց առեալ մոգաց եւ մոգպետաց, զտիւ եւ զգիշեր փութային հասանել յաշխարհն Հայոց. եւ առ յոյժ խնդութեանն ոչ երբէք յագէին երկայնութեամբ ճանապարհին:

frogs and ants, and various other kinds of worms shall not [be left to] stand, but immediately accounted for and collected according to the royal order. And what further services there be, either of sacrificial offerings or slaughters, [shall be performed] according to the yearly calendar of festivals and measure of ashes due.

"All this that we have said should be carried out by all for some time until the end of the year; and all else they shall prepare later."

When the magi and mogbeds received all these orders, day and night they hastened to reach the land of the Armenians; and from [their] great joy, [they] did not at all tire from the length of the journey.

ՎԱՍՆ ՄԻԱԲԱՆՈՒԹԵԱՆ ՍՈՒՐԲ ՈՒԽՏԻՆ ԵԿԵՂԵՑՒՈՅ

Թէպէտ եւ ոչ իցեմք բաւական ասել զամենայն չարիսն, որ անցք անցին անդէն ի կարաւանին ընդ գունդն Հայոց, սակայն եւ ոչ լռել կամիմք՝ ծածկելով զվիշտս նեղութեանն. այլ ասասցուք փոքր ի շատէ, զի ձայնակիցք լիցուք այնոցիկ, որք դառնապէս զմեզ ողբային. զի եւ դու իբրեւ լուիցես՝ ոչ սակաւ արտասուս հեղուցուս ի վերայ ազգիս թշուառութեան:

Զի ահա անդէն ի մեծ բանակին Պարսից՝ յազգաց ազգաց որք էին հաւատացեալ ի սուրբ աւետարանն Քրիստոսի, իբրեւ տեսին զչար յանձնառութիւնն Հայոց, յոյժ հարան ի միտս իւրեանց, եւ կործանեցան անկան ի վերայ դիմաց իւրեանց: Բազումք ի նոցանէ թաղծեալ ի սուգ ծանրութեան, հարեալ յոգիս եւ դառնացեալ յարտասուս, եկին եւ յանդիմանեցին զնախարարեանն, եւ յոյժ դսրովեցին զուխտ քահանայութեանն:

Զգուէին զամենեսեան եւ ասէին. «Զի՞ առնիցէք զուրբ կտակարանսդ, եւ կամ յո՞ տանիցիք զսպաս տէրունեան սեղանոյն. մոռանայցէ՞ք արդեւք զհոգեւոր աւրհնութիւնսդ, եւ կամ լռեալ դադարիցէ՞ք ի մարգարէական ձայնիցդ: Կափուցէք զաչս յընթերցուածոց, եւ խցէք զականջս ի լսելոյ. միթէ զմտացդանմոռացութիւն ո՞չ յիշիցէք: Զի՞նչ առնիցէք զպատուիրեալսն ի Տեառնէ. Որ ուրասցի զիս առաջի մարդկան, յուրասց եղէց եւ ես զնմանէ առաջի Հաւր իմոյ, որ յերկինս է, եւ հրեշտակաց սրբոց:

OF THE UNION OF THE HOLY
COVENANT OF THE CHURCH

Although we cannot say enough about all the evils that befell the army of the Armenians, we also do not resolve to stay silent and pass over the great afflictions [that they faced]. Thus, we will narrate [it] in part, so that we are concordant with those who bitterly mourned us; and so that when you also hear this, you will shed not a few tears over the misery of our nation.

For behold, in the great encampment of the Iranians, [people from] various nations who believed in the Holy Gospel of Christ, when they saw the evil visited upon the Armenians, became fearful in their minds, languished and fell on their faces. Many of them grieving in heavy mourning, [with] struck souls and with bitter tears, came and censured the nakharars, and greatly blamed the covenant of the priesthood.

They cursed them all and said: "What will you do with your Holy Testaments or where will you take the vessels of the Lord's altar? Will you perhaps forget the spiritual blessings, or silence and discontinue the voices of the prophets? You shut your eyes to reading and closed your ears to hearing. What will you do about the Lord's command: 'Whoever denies me before men, I also will deny before my father who is in heaven, and before the holy angels'?[15]

---

15   Matthew 10:33; Luke 12:9.

CHAPTER III

Վարդապետք էիք առաքելական քարոզութեանն. արդ աշակե՞րտք լինիցիք մոլար խաբէութեանն։ Ուսուցիչք էիք ճշմարտութեանն, արդ ուսուցանիցէ՞ք զպատիր խաբէութիւն մոզաց։ Քարոզք էիք արարչական զաւրութեանն, արդ զտարերս աստուա՞ծս խոստովանիք։ Յանդիմանիչք էիք ստութեան, արդ եւ քան զսուտն ստազո՞յնք լինիցիք։ Ի հուր եւ ի հողի էիք մկրտեալք, արդ ի մոխիր եւ յաճի՞ւն թաթաւիցիք. կենդանի մարմնով եւ անմահ արեամբ էիք սնեալ, արդ ի ճենճե՞ր զոհից եւ ի շարաւս աղտեղի՞ս մրճոտիցիք։ Տաճար էիք Հոգւոյն Սրբոյ, արդ զոհարան դիւա՞ց լինիցիք. քրիստոսազգեացք էիք ի մանկութենէ, արդ մերկացեալք ի փառացն ՝ դիւաբար արեգակա՞ն կաքաւիցէք։

Ժառանգք էիք արքայութեանն, արդ անձամբ զանձինս արարէք ժառանգ գեհենին։ Նոցա՛ է սպառնացեալ հուրն անշէջ, ընդէ՞ր դուք ընդ նոսա այրեցեալ տոչորեցայք. նոցա՛ պարարի որդն անմահ, իսկ արդ դուք պար արիցէք զմարմինս ձեր նմա ի կերակուր. խաւարն արտաքին նոցա՛ թանձրացեալ պահի, դուք լուսազգեստք՝ ընդէ՞ր յուղարկեցայք ընդ նոսա ի նոյն խաւար։ Նոքա ի վաղնջուց հետէ էին իսկ կուրացեալք, դուք զիա՞րդ զկնի կուրացն կուրացարուք։ Նոցա՛ էր փորեալ զխորխորատն, դուք ընդէ՞ր լցէք յառաջագոյն։ Ե՞րբ ուսանիցիք զբազմաթիւ անուանս աստուածոցն նոցա, այնոր չիք ուրեք ի միջի եւ ոչ մի։ Թեթեւացեալք ի ծանր բեռանց՝ անձամբ անձին առէք զբեռն ծանրութեան. ազատեալք ի ծառայութենէ՝ չարաչար մտէք յանազատելի ծառայութիւնն։

"You were teachers of the apostolic preaching; are you now going to be students of errant deception? You were teachers of truth; will you now teach the enticing trickery of the magi? You were preachers of the power of the Creator; [do] you now acknowledge the elements as gods? You were admonishers of falsehood; are you now going to become more bogus than lies? With fire and spirit were you baptized; will you now be immersed in ashes and dust? You were nourished with living flesh and immortal blood; will you now be burnt and blackened from the smoke of immolation and impure pus? You were temples of the Holy Spirit; will you now become sacrificial altars for demons? You had put on Christ since youth; will you now strip yourself of that glory and dance like demons before the sun?

"You were heirs of the kingdom; you have now become heirs of hell. The inextinguishable fires have threatened them; why are you burnt and scorched by them? The immortal worm is fattened for them, and now you fatten your bodies to feed them[16]? For them, the darkness outside is impenetrable; you, radiant ones, why do you go forth into the same darkness with them? They have long been blind; why do you become blind following the blind? They had dug the ditch; why did you fill it first? When will you learn the many names of their gods, not one of whom exists anywhere? Relieved of your heavy burden, you yourselves took [on] the burden of servitude; liberated from servitude, you torturously went back into iineluctable slavery.

---

16   Sirach 7:17.

CHAPTER III

Եթէ գիտէիք եւ երեւէր ձեզ յայտնի, սուգ առին երկինք ի վերայ ձեր, եւ թաղծեցաւ երկիրս ի ներքոյ ոտից ձերոց: Հրեշտակք ի վերուստ են ձեզ բարկացեալք, եւ ի յերկրէս մարտիրոսքն են ձեզ ցասուցեալք: Ողորմի՛մ, ողորմիմ սիրելեաց ձերոց, եւ բազում անգամ ողորմիմ անձանց ձերոց: Զի թէ մարդոյ փրկեալ էր զձեզ ի ծառայութենէ, եւ դուք անձամբ զանձինս այլում ի ծառայութիւն արկանէիք, ի մեծ բարկութիւն բրդէիք զառաջին տէրն ձեր. իսկ արդ զի՞նչ առնիցէք զաստուածասաստ հրամանն. Ես եմ Աստուած, եւ չիք այլ ոք բաց յինէն, եւ ոչ զկնի իմ այլ ոք լիցի Աստուած. Աստուած նախանձոտ եմ ես, հատուցանեմ զմեղս հարց յորդիս մինչեւ յեւթն դար: Իսկ եթէ որդիքն արդարք՝ վասն հարցն մեղաց ընդունին զատակումն, յորժամ ինքեանք որդիքն իսկ մեղիցեն, ո՞չ ահա միանգամայն զանձանց եւ զհարց տայցեն ի միասին:

Դո՛ւք էիք մեր ամուր պարիսպ ապաստանի. յորժամ աստի վտանգ հասանէր, առ ձեզ յանդորր ելանէաք. արդ մեծ ամուրդ այդ հիմն ի վեր տապալեցաւ: Դո՛ւք էիք մեր պարծանս առ թշնամիսն ճշմարտութեան, արդ դուք էք մեր նախատինք առ նոյն թշնամիս: Յայժմ վասն ձերոյ ճշմարիտ հաւատոցն եւ ի մեզ փոքր ի շատէ խնայէին. եւ արդ ի պատճառս ձեր եւ զմեզ անողորմ դատին: Ոչ միայն զանձանց դատաստան տալոց էք առաջի ահեղ ատենին Աստուծոյ, այլ եւ բազմաց ամենեցուն՝ որ ի ձեր պատճառս եւ զնոսա եւս չարչարեսցեն»:

"If only you knew and it was evident to you, that the heavens mourned over you, and the earth sorrowed beneath your feet. The angels above are angry with you, and the earth's martyrs are furious with you. Pity! I pity your loved ones, and much more, I pity you. For if a man had rescued you from servitude, and then you had enslaved yourselves to another person, you would greatly anger your first master. And now what shall you do with the severe divine command, 'I am God, and aside from me there is none other, and apart from me there will be no other; I am a jealous God, and I shall recompense the iniquity of fathers onto their sons for seven ages.'[17] And if the righteous sons die for the sins of their fathers, when the sons themselves sin, [will they] not at once answer for themselves and their fathers?

"You were the strong walls of our refuge: when danger loomed, we came to you for safety; now that great stronghold has been destroyed. You were [a cause of] boasting against the enemies of truth, but now you are [a cause of] reproach before the same enemies. [Until] now, for [the sake of] your true faith they partly spared us, and now because of you they pitilessly judge us. Not only will you answer for yourselves before the awesome tribunal of God, but also for many others whom they shall afflict because of you."

---

17   Jeremiah 32:18.

CHAPTER III

Զայս եւ առաւել քան զսոյն խաւսեցան ընդ մեծամեծս աւագանւոյն, եւ յաւելին ցաւս ի վերայ ցաւոց: Յայտնել եւ ցուցանել նոցա զխորհուրդն ոչ կարէին, լռել եւ չառնել պատասխանի անհնար էր. հեղձամղձուկ եղեալ մեծապէս յարտաասուս հարկանէին: Ընդ նոսին դառնացեալ լսողք եւ տեսողք յանմխիթար սուգ լինէին ամենեքեան:

Յայնմ ժամանակի քահանայքն որ անդէն ի զաւրուն էին, առ չժուժալ սրտիցն բարկութեան՝ քակեալ որոշեցան ի նախարարացն եւ յամենայն բազմութենէն. եւ զմի ոմն դեսպան ձիով փութապէս առաքեցին յաշխարհն Հայոց: Գոյժ ի բերան առեալ եւ զաւձիս պատառեալ, հասեալ ի ժողովս եպիսկոպոսացն, մեծապէս յարտաասուս հարեալ, կայր եւ պատմէր զամենայնանցս չարչարանացն. այլ ոչ յայտնէր նոցա զծածկութիւն խորհրդոցն:

Յայնմ ժամանակի սփռեցան եպիսկոպոսքն յիւրաքանչիւր իշխանութիւնս, եւ առաքեցին զքորեպիսկոպոսս ի գեաւղս եւ յագարակս եւ ի բազում ամուրս լեռնային գաւառացն: Դրդեցին ժողովեցին զբազմութիւն արանց եւ կանանց, շինականաց եւ ազատաց, զքահանայից եւ զմենակեցաց. խրատ եդին, պնդեցին եւ արարին զամենեսեան զինուորս Քրիստոսի:

Եւ յառաջին բան խորհրդին այս հաստատեցաւ. «Ձեռն եղբաւր հարազատի ի մերձաւոր իւր լիցի, որ անցեալ իցէ ըստ ուխտ պատուիրանին Աստուծոյ. եւ մի՛ խնայեսցէ հայր յորդի, եւ մի՛ ակն առնուցու որդի հաւր պատուոյն:

This, and more than this, they spoke against the greatest avags, and added pain upon pain. They could not reveal and show their intention, [and] to remain silent and not respond was [also] impossible; they choked and burst into great tears. Those who heard and saw became embittered with them, and disconsolate, they all wept.

Then the priests who were in the army, [who] could no longer endure the anger of their hearts, decided to separate themselves from the nakharars and the entire multitude, and sent a messenger by horseback swiftly to the land of the Armenians. Taking the bad news in his mouth and with his clothes torn, he reached the assembly of the bishops, burst into copious tears, stood [before them] and recounted all the tortures [that had occurred], but did not reveal to them the secret design.

Then the bishops disbanded each to his own diocese, and sent the chorbishops to the villages and estates, and to the many strongholds of the mountainous provinces. They urged an assembly of all the men and women, peasants and *azats*, [and] priests and the monks—they advised and strengthened them, and rendered them all soldiers of Christ.

And the first thing the assembly established was this: "Let the hand of the blood-brother rise against his neighbor who should transgress [his] covenant of God's commandment—and let father spare not son, nor let son accept a father's honor[18].

---

18   Cf. Matthew 10:21

Կին կռուեցի ընդ առն ամուսնոյ, եւ ծառայ դարձցի ընդդէմ տեառն իւրոյ: Աւրէնք աստուածայինք կացցեն թագաւոր ի վերայ ամենայնի, եւ ի նմին աւրինաց ընկալցին յանցաւորք զպատիժս դատապարտութեան»:

Եւ իբրեւ այս այսպէս հաստատեցաւ կազմեցաւ, երեւեցան ամենեքեան զինեալք եւ սաղաւարտեալք, սուր ընդ մէջ եւ վահան ի ձեռին՝ ոչ միայն արանց քաջաց, այլ եւ կանանց առնականաց:

Իսկ զունդն Հայոց ամենայն աւգնականաւքն հանդերձ եւ մոգացն բազմութեամբ յամսեանն չորրորդի եկին հասին յաշխարհին Հայոց, իգիւղաքաղաք մի մեծ՝ որում անուն էր Անգղ: Բանակեցան, բոլորեցան, զետեղեցան, եւ յամենայն կողմանց անդր ժողովեցան, եւ էին անթիւ բազմութիւն:

Եւ եղեւ յետ աւուրց քսան եւ հնգից մոգպետն ինքնին մոգաւքն հանդերձ հաստանէր մեծաւ զաւրութեամբ՝ քակել զդրունս եկեղեցւոյն յաւուր միաշաբաթուն. զփորձ առնուլ կամէր զառաջարկութեան գործոյն: Իսկ սուրբն Ղեւոնդ երէց միաբանութեամբ առաջին խորհրդակցաւքն եւ բազում ուխտիւ ի տեղւոջ անդ պատրաստական դիպեցաւ: Թէպէտ եւ ոչ էր տեղեկագոյն մտաց ամենեցուն նախարարացն, եւ ոչ զաւրութեան ուժոյ մոգպետին, ոչ ինչ եկաց մնաց ամենայն եպիսկոպոսացն, եւ ոչ առ սակաւ մի համբեր անաւրէն իշխանին թողացուցանել. այլ բազում ամբոխ աղաղակի զաւրացն եւ մոգացն հաստւցանէր: Քանզի վիրգս ի ձեռն

Let wife fight against husband, and servant turn against master. Divine law shall reign over all, and by the same law shall transgressors receive the punishment of condemnation."

When this was thus decided [and] established, they all appeared armed and helmeted, swords at waists and shields in hand—not only valiant men, but manly women also.

And the army of the Armenians with all auxiliary [troops] and a crowd of magi came to Armenia in the fourth month [November]; and they made camp at a large spot called Ang'gh. They set up camp and settled, and gathering from all sides, they were a vast force.

And it happened after twenty-five days that the mogbed himself arrived with the magi and a great force to break open the doors of the church one Sunday, resolving to try the proposed deed. But the holy priest Ghevond, in union with his associates and many clergy, was present and ready. Although he was not informed about the intentions of all the nakharars, nor of the power of the mogbed's forces, he did not wait for all the bishops, nor did he suffer the impious ruler, but brought a huge uproar upon the troops and magi. For with staves in their hands

առեալ՝ զկառափունս մոգացն եւ մոգպետին ջարդեցին. փախստական յիւրաքանչիւր վանս արկանէին, եւ ինքեանք զպաշտաւնն բարձրացուցեալ յեկեղեցւոջն՝ զտէրունական կանոնն կատարէին, մինչեւ ի նոյն միաշաբաթին անդադար լինելով։

Եւ յետ այսր տագնապի խռովութեան՝ յամենայն կողմանց յաշխարհէն Հայոց բազմութիւն արանց եւ կանանց ի տեղին հասանէին։ Եւ անդ էր տեսանել զմեծ աղէտ տարակուսին. ոմանք զդեր արտաւսր արձակելով իբր յաղբերականց հոսէին յաչաց իւրեանց. այլքն բարձրաձիչ աղաղակաւ՝ իբր այն թէ զերկինս դողացուցանէին, իսկ կէսքն խիզախելով եւ ի զէնս ընթանալով՝զմահ քան զկեանս ընտրէին։ Իսկ ոմանք ի սուրբ ուխտէ եկեղեցւոյն՝ զաւետարանն ի ձեռն առեալ, աղաւթիւք առ Աստուած կարդային. եւ այլք ըղձանային զպատառումն երկրին, զի անձանց լիցի գերեզման։ Եւ այսպէս շտապ տագնապի ի վերայ մոգպետին հասուցանէին։ Բազում անգամ աղաչէր զաւգնականսն իւր, զի ի մահուանէ կարասցեն զնա ապրեցուցանել, եւ ողջանդամ անդէն յարքունիս հասուցանել։

Այլ վասն գործոյն յոր եկեալն էր՝ ստիպէր զնոսա եւ ասէր. «Թող գրեմ եւ ցուցանեմ մեծ թագաւորին, զի ի բաց թողցէ զայսպիսի իրաց առաջարկութիւն. զի եթէ եւ ինքեանք աստուածքն եկեսցեն մեզ յաւգնութիւն, չէ հնար աւրինացս մոգութեան ի Հայս առնուլ զհաստատութիւն. որպէս զփորձ առի զմիաբանութեան ուխտին եկեղեցւոյ։ Զի թէ էին զաւրք

they broke the skulls of the magi and mogbeds, causing every-
one to flee their stations, and they resumed the Divine Liturgy at
church for the rest of the Sunday.

After this tumultuous disorder, from all sides of the land
of Armenians a multitude of men and women arrived at that
place. There was seen a great calamity of doubt; some burst
into tears that flowed like fountains from their eyes, others
cried loudly as though they would shake the heavens, and oth-
ers braved, bearing arms, seeking death rather than life. And
some among the clergy of the church took up the Gospel in their
hands and prayed to God, while others wished that the earth
would split open to become their grave. All this quickly brought
torment upon the mogbed. Many times he begged his auxilia-
ries to rescue him from death and safely escort him back to the
royal court.

But regarding the work for which he came, he pressed
them and said: "I shall write and indicate to the great king that
he should relinquish such an undertaking, for [even] if our
gods themselves come to our assistance, there is no way for
the customs of the Magi to be established in Armenia, as I have
tested the unity of the holy covenant. For even if the soldiers

աշխարհիս մոգք, ոչինչ խնայէին սոքա ի նոսա սատակմամբ՝ ոչ միայն զարտաքինսն, այլ եւ յեղբարս եւ յորդիս եւ յամենայն մերձաւորս իւրեանց, նաեւ ոչ յանձինս իւրեանց։ Մարդք, որ ոչ ի կապանաց զանգիտեն, եւ ոչ ի տանջանաց երկնչին, եւ ոչ ի ստացուածոց պատկառին, եւ որ յետին չար է քան զամենայն չարիս՝ զմահ քանզ կեանս ընտրեն, ո՞վ է, որ կարէ նոցա դիմակաց լինել։

«Լուեալ իսկ էր իմ ի նախնեաց մերոց, եթէ յաւուրս Շապհոյ արքայից արքայի, իբրեւ սկսաւ ուսումնդ այդ աճել եւ բազմանալ եւ լնուլ զամենայն երկիրն Պարսից, եւ եւս անդր յարեւելս հասանել, իսկ որ վարդապետքն էին աւրինացն մերոց՝ յորդորեցին զթագաւորն, զի մի՛ բնաւ ամենեւին բարձցին աւրէնք մոգութեան յաշխարհէն, ետ հրաման սաստիկ, զի լռեալ դադարեսցէ քրիստոնէութիւն։ Եւ որչափ նա կարճելով արգելուլ կամեցաւ, նոքա եւս քան զեւս աճեցին եւ բազմացան, եւ հասին մինչեւ յաշխարհին Քուշանաց, եւ անտի ի հարաւակողմն մինչեւ ի Հնդիկս տարածեցաւ։

Եւ այնպէս աներկիւղ եւ համարձակք էին յաշխարհին Պարսից, մինչեւ յամենայն քաղաքս աշխարհին եկեղեցիս շինեցին, որ զանցուցանէր պայծառութեամբ զթագաւորաբնակ արքունեաւքն։ Շինէին եւ վկայարանս իմն անուանեալս, եւ զնոյն զարդ եկեղեցեաց զարդարէին, եւ յամենայն տեղիս անապատս միայնանոցս շինէին։ Եւ իբրեւ ոչ ինչ երեւէր յայտնի աւգնութիւն ուստեք, աճելով աճէին եւ բազմանալով բազմանային, եւ մարմնաւոր մեծութեամբք մեծանային։

in the land were magians, they [the Armenians] would not spare their destruction—not only foreigners, but also their brothers and sons and all their relatives, but also themselves. [These] men, who do not frighten of arrest, do not fear suffering, do not revere [material] gains, and eviler than all [other] evils, prefer death to life. Who can be their opponent?

"I had heard from our ancestors that, in the days of Shapur [II], King of Kings, when this doctrine began to spread and multiply throughout the whole land of the Persians, and also beyond [to] the east, the teachers of our doctrine provoked the king to issue a rigorous order lest the rites of Magianism be wholly extinguished from the land, [and] he gave a strong command that Christianity be silenced and abolished. And the more he resolved to forbid it, that much more did it spread and multiply, reaching into the land of the Kushans and to the south, even to India.

"And [the Christians] were so fearless and bold in the land of the Persians that in all the cities of the land they built churches, which surpassed the splendor of the royal palace. They built that which were called martyria and adorned them in the same fashion as the churches, and in all secluded places they built hermitages. And with no apparent help from anywhere, they increased and multiplied and prospered materially.

CHAPTER III

Զպատճառս հարստութեանն մեք ինչ ոչ գիտէաք, բայց այսչափ ինչ ճշգրտիւ իմանայաք, զի տիեզերք ամենայն զկնի ումանց նոցա գնային:

«Թէպէտ եւ էարկ ի նոսա թագաւորն զձեռն իւր խստութեամբ, եւ զբազումս կալաւ եւ չարչարեաց ի նոցանէ, եւ զեւս բազումս մահուամբ սատակեաց, դառնացաւ եւ ձանձրացաւ յանձն իւր, եւ զնոսա ոչ կարաց նուազեցուցանել ի բազմութենէն: Դարձեալ թէպէտ փակեաց եւ կնքեաց զդրունս եկեղեցեացն ընդ ամենայն աշխարհն Պարսից, նոքա զամենայն տուն եկեղեցի արարին, եւ յամենայն տեղւոջ զիւրեանց աւրէնսն կատարէին, եւ զանձինս իւրաքանչիւր վկայարանս համարէին, եւ լաւագոյն զշինուածս մարդկեղէնս քան զհողեղէնսն հաշուէին: Սուրք սպանողացն բթեցան, եւ նոցա պարանոցքն ոչ ձանձրացան. աւարառուք ստացուածոց նոցա աշխատեցան, եւ աւարն աւր քան զաւր աճեցեալ բազմացաւ: Սրտմտեալ էր թագաւորն, եւ յոյժ դառնացեալ դահիճք բարկութեանն. իսկ նոքա արթունք եւ զուարթունք, եւ խնդալից ընդունէին զամենայն հարուածս տանջանացն, եւ սիրով տանէին զամենայն յափշտակութիւն ընչից իւրեանց:

«Իբրեւ ետես թագաւորն, եթէ զոռի տուեալ դիմեցին ի մահ իբրեւ խաշինք սուրբք յաղն երկնաւոր, արգել եւ կարճեաց ի նոցանէ զհարուածս տանջանացն. եւ հրաման ետ մոգաց եւ մոգպետաց, զի մի՛ ամենեւին ոք խուեսցէ զնոսա, այլ հաստատեալ կայցեն աներկիւղութեամբ յիւրաքանչիւր ումունս, մոգն եւ զանդիկն եւ հրեայն եւ քրիստոնեայն,

The cause of this prosperity we know not; but this much we did know precisely: that all the world was following their teaching.

"Although the king extended his hand against them with harshness, seizing and torturing many of them, and exterminating many more, he became embittered and dejected, and could not diminish their growth. Although he closed and sealed the doors of the churches throughout the whole land of Iran, they turned every house into a church, and carried out their rites everywhere, and each person considered himself a martyr shrine, and considered human buildings better than earthly ones. The swords of the murderers were blunted, but their necks did not become weary; the plunderers worked for their plunder, and day by day the plunder multiplied. The king was furious, and the executioners became much embittered with anger; but [the Christians] were watchful and sober, happily accepting all tortures, and gladly bearing all the plundering of their goods.

"When the king saw that the multitude approached death like a holy flock to the heavenly salt, [he] prohibited and cut short their tortures, and commanded the magi and mogbeds to not mistreat them at all, but for each to firmly and fearlessly follow his [own] teachings— magus and *zandik* [Manichean] and Jew and Christian,

եւ որ այլ բազում կեշտք են ի կողմանս կողմանս աշխարհին Պարսից։ Եւ ապա էառ երկիրն զխաղաղութիւն հաստատութեամբ, եւ լռեալ դադարեցին ամենայն խռովութիւնք յուզմանց։ Քանզի ընդ մերոյ աշխարհին շարժման՝ եւ արեւմուտք եւս մեծապէս շարժեցան, եւ ամենայն Տաճկաստան ընդ նոսին խռովեցան։

«Զայն ահա ի լսելոյ գիտեմք. բայց այս որ ես ինձէն աչաւք տեսի, թուի ինձ՝ թէ մեծագոյն եւս լինի քան զառաջինն։ Արդ դու որ մարզպանդ ես աշխարհիս, պարտ է քեզ փոյթ յանձին ունել, գրել եւ ցուցանել յարքունիս զմիաբանութիւն բռնութեանս, ո՛րպէս աներկիւղութեամբ առ ո-չինչ համարեցան զհրամանս արքունի։ Եւ եթէ չէր մեր աճապարեալ եւ ի փախուստ դարձեալ, միում ի մէնջ ոչ տային ապրել։ Եւ եթէ անզէն մարդիկ այդպէս բռնացան, եթէ յանկարծ զինուորս եւս ընդ ինքեանս միաբանեցեն, ո՞ կարիցէ կալ առաջի դոցա յանդուգն յարձակմանդ։

«Ես ահա անտեղեակ էի անքակ ուխտի եկեղեցւոյդ ի միմեանց. զի ա՛յլ է՝ զոր լսէ մարդ, եւ այլ է՝ զոր տեսանէ հաստատուն իւրովք աչաւք։ Դու որ ի մանկութենէ յայդմ աւրէնս սնեալ էիր, եւ ճշմարտեալ գիտէիր զպնդութիւն մարդկանդ, եթէ առանց բազում արիւն հեղլոյ դոքա մեզ ոչ տան ձեռն արկանել յեկեղեցիսդ, ընդէ՞ր զայդ ամենայն հաւաստեաւ յանդիման չասացեր ցթագաւորն։ Քանզի ամենայն նախարարացն աւագ դու էիր, եւ զբոլոր աշխարհս քեզ յանձն արարեալ էր մարզպանութեամբ. ընդէ՞ր ոչ մեծապէս հոգ տարար յանձն քո։ Զի յայլ ժամս իմաստուն էիր, եւ ես

and the many other sects all over the empire of the Persians. And the land became firm in peace, and all disturbances and agitation ceased. For at the convulsion of our land, the land to the West was also greatly disturbed, and all Tachkastan [Assyria] was disturbed with them.

"This we know from having heard it; but that which I have seen with my own eyes I reckon to be greater than the former. You [Vasak of Syunik], who are now the *marzban* of this land, are bound to write and indicate to the royal court the strength of their union, and how they fearlessly disregarded the royal command. And if we did not hurry and flee, they would not have allowed any of us to survive. And if [these] unarmed people rose up like that, [then] if they suddenly unite with soldiers, who could oppose their destructive assault?

"I was ignorant of the indissoluble covenant of this church—for what a man hears is one thing, and what he sees with his own eyes is another. But you, who were nourished with these rites from childhood—and truthfully knew the firmness [resolve] of your people, that without much bloodshed they would not allow us to extend a hand upon their church—why have you not represented all this faithfully before the king? For among all the nakharars you were the senior, and the whole land had been given to you in your *marzbanate*—why did you not take great care? For at other times you were wise, and I

գիտէի. զայս գործ ոչ իմաստութեամբ գործեցեր: Ապա եթէ ոչ, յայտ է եթէ եւ դու ի նոցա բանի ես, եւ քոյով խորհրդով անցուցին զայս անցս ընդ իս եւ ընդ զաւրս:

«Արդ եթէ այդ այդպէս է, եւ քեզ կամք չէ ունել զմոգութիւն, մի՛ ինչ պատկառեր դու երկիւղիւ յարքայէ. ես գրեմ եւ ցուցանեմ ի դուռն մովպետան մովպետի եւ դարանդարձապետի եւ մեծ հազարապետին, զի ածցեն զարքայ ի հաւանութիւն, որպէս զի ի բաց թողացուցէ ըստ առաջին հրամանին, եւ ի կամս մարդկան ապաստան արասցեն, զի առ սակաւ սակաւ ընդելցին ընդ աւրէնս մոգութեանս. զի որք կալցին՝ սիրով երեւեսցին կատարեալ զհրամանն արքունի: Քանզի մարզ է աշխարհս. գուցէ յորժամ փաս ինչ առնիցեն, եւ ինքեանք ցրուեալ վատնեսցին յաւտարութիւն: Իսկ յորժամ աշխարհս թափուրլ ինիցի ի մարդկանէս, յայնժամ եւ քեզ գլխովին մեծապէս վիշտ հասանէ յարքունուստ»:

Ետ պատասխանի մարզպանն մոգպետին, եւ ասէ. «Ամենայն բանք խրատուդ զոր ասացեր՝ ճշմարիտ են. բայց զառաջինն զոր չիմացաք ՝ տեսեր, եւ մեծապէս զղջացաք այժմ: Բայց դու արդ զոր ասեմս արա, եւ բարիոք թուեսցի քեզ. սակաւիկ մի երկայնամիտ լեր եւ զխորհուրդս քո արգել ի բազմաց. բայց արանց՝ որոց ես ասեմ՝ նոցա յայտնեա, մինչեւ ես ինձ ոյժ ժողովեցից՝ զաւր ի թիկունս ածելոյ, եւ զուխտ եկեղեցւոյդ թերեւս կարացից երկփեղկել: Եւ եթէ զայդ այդպէս արարից, գիտեմ ապա թէ եւ զհրաման արքունի կարող եմ կատարել»:

knew it, [but] in this work you acted without wisdom. But if not, then it is clear that you are of their persuasion, and with your advice they brought these events to pass upon me and my soldiers.

"'Now if this be so, and you do not resolve to hold to Magiansm, do not be ashamed of fearing the king. I will write and indicate to the court, to the *Movpetan Movpet* and the *Darandardzapet* and to the great hazarbed [Mihr Narseh], to convince the king to allow them [to act] according to [his] former command, and let [them] act according to their will, so that they gradually make themselves acquainted with the Magian customs, and that those who come happily [of their own accord] will have fulfilled the royal command. For this land is a border province, [and] perhaps when they cause harm, they themselves will be scattered and lost to a foreign [lands]. But if the country is deprived of its inhabitants, then great trouble will fall upon your head from the court."

The marzban answered the mogbed and said: "All the words of advice which you spoke are true. You saw what we did not initially understand, and now we much regret it. But do what I say, and it will seem good to you; have a little patience and keep your thoughts from the multitude, except for those [to] whom I tell you to reveal them, until I assemble a force for bringing backup. And then perhaps I shall be able to destroy the covenant of the church. And if I can do that, I know that I can carry out the royal command."

CHAPTER III

Եւ անդէն հրոս հանեալ ի Միւնեաց աշխարհէն, զիւր զունդն ստուարացոյց ի թիկունս աւգնականութեան մոզաց եւ մոզպետին: Եւ ապա սկսաւ ասել. «Աղէ դու անգամ մի հրովարտակ ի դուռն տուր վասն այրուձիոյն՝ որ յԱղուանսն է տասն հազար, զի ի ձմերոց ի Հայս եկեսցեն. եւ յորժամ զնոսա ի ձեռին ունիցիմք, չիք ոք որ եղծանել կարէ զհրամանն արքունի»:

Պատասխանի ետ մոզպետն եւ ասէ ցմարզպանն. «Այդ խորհուրդ դարձեալ իմոց բանիցս ընդդէմ է. քանզի մեք յորժամ բռնութեամբ կռուեսցուք ընդ աշխարհիս, աշխարհս ի բաց քանդի, եւ մեք ի պատուհասէ չապրիմք. անձանց փսաս, եւ արքունի մեծապէս զեան»:

Եւ ոչ ինչ կամեցաւ ամենեւին ունկն դնել նմա մարզպանն, զի սրտիմտաւք կալեալ էր զպարսկական աւրէնսն: Սկսաւ այնուհետեւ պատրել զոմանս կարասեաւ եւ զոմանս ողոքական բանիւք. զռամիկն ամենայն՝ ահեղ բանիւք սպառնացեալ սրտաթափ առնէր: Հանապազորդ առատացոյց զ-ռոճիկսն տաճարին, եւ յերկարէր զնուազսն ուրախութեան, մաշելով զերկայնութիւն զիշերացն յերգս արբեցութեան եւ ի կաքաւս լկտութեան, քաղցրացուցանէր ոմանց զկարգս երաժշտական եւ զերգս հեթանոսականս. մեծապէս զովութիւն մատուցանէր աւրինաց թագաւորին: Բերեալ էր եւ յարքունուստ բազմութիւն կարասւոյ, եւ միում միում կաշառ զաղտ խթէր ի պատճառս պարգեւի եւ պատուոյ. եւ բազում նենգութեամբ զանմեղ մարդիկ հրապուրէր եւ յինքն արկանէր:

Then taking troops from the province of Syunik, he increased [the numbers] of his own forces for the support of the magi and the mogbed. And he began to say: "Now send an order to the court that the horsemen in Aghuank, who number ten thousand, shall come to spend the winter in Armenia, and when we have them at hand, there shall be no one to overthrow the command of the king."

The mogbed answered and said to the marzban: "This advice is contrary to my word, for if we use force in this land it will be destroyed, [and] neither shall we survive the calamity: harm to ourselves, and especially detriment to the sovereign."

But the marzban would not harken to all this, for he had heartily accepted Persian customs. He then began to deceive some with presents, and others with flattering words. By terrifying all the commoners with threats, he disheartened them. He continually increased the budget of the temples, and lengthened the songs of jubilation, and extended the nights with drunken songs and licentious dances, and music and heathen songs, and greatly praised the [religious] customs of the king. He had brought from the court much treasure, and one by one secretly bribed people on the pretext of bestowing gifts and honors. And with much cunning, he attracted innocent people to himself.

CHAPTER III

Իսկ զայս ամենայն իբրեւ տեսին սուրբ եպիսկոպոսունքն, եւս քաջ դրդեալ յորդորեցան ի նոյն միաբանութիւն. եւ հնարագէտ իմաստութեամբ ընդ երկուս բաժանեցին զբանակն: Մանաւանդ իբրեւ հաստատեալ գիտացին ի միտս իւրեանց, եթէ անաւրէն իշխանն Սիւնեաց զաւրհասական վէրսն ի յոգիսն ընկալեալ էր, խորշեցան մերժեցան եւ ի բաց փախեան ի նմանէ:

Խորհուրդ արարեալ ի գիշերի միում ամենայն ուխտին բազմութեամբ՝ կոչեցին եւ զսպարապետն զաւրուն ի խորհուրդն, հարցին եւ քննեցին եւ ի վերայհասին մտացն անշարժութեան, որոյ ոչ եւ առ սակաւ մի թերացեալ էր ի սիրոյն Քրիստոսի: Եւ միաբան աղաւթս արարեալ ի վերայ նորա, վերստին ընկալան զնա յառաքինութիւն: Եւ նովաւ որսացան զբազումս ի նոյն միաբանութիւն, որք ոչ էին քակեալ յառաջին միաբանութենէն. եկին եւ ժողովեցան գունդ զաւրաց բազմաց: Եւ եւս առաւել հեռագոյն զատան ի մոգացն եւ ի մոգպետէն եւ յանաւրինէն Վասակայ:

Իսկ նա այնչափ յիմարեցոյց ափշեցոյց զմիտս մոգպետին, մինչեւ չետ նմա իմանալ զելս իրացն: Սկսաւ բաշխել մոգս ի տունս նախարարացն եւ մեծամեծ ռոճիկս կարգել, զոհել պատրուճակս, եւ բռնաբար կնքաւոր մարդկանն տալ ուտել միս յազածոյ, եւ երկիր պագանել արեգականն: Իբրեւ սկսաւ բազմանալ ընդ ամենայն աշխարհն այնպիսի պղծագործ խառնակութիւն, յանդգնեցան եւ եւս կանայք փշտիպանացն յաւուր կիւրակէի անցուցանել զճրագունս եկեղեցւոյն եւ պատառել զհանդերձս հաւատաւոր կանանցն:

But when the holy bishops saw all this, they were more in-spired and encouraged in their union, and with clever wisdom they divided the army into two. Especially when they firmly knew in their minds that the impious prince [Vasak] of Syunik had inflicted fatal wounds upon his own soul, they abhorrently turned away and fled from him.

Taking council one night all the clergy summoned the *spar-apet* of the army [Vartan]. They questioned and examined [him] and learned of his steady mind, in which he had not in the slight-est failed in his love of Christ. Having prayed for him together, again they accepted him [into] virtue. And through him they at-tracted many into the same union, [and] those who had not for-saken the former union came and assembled, forming an army of many forces. And they further distanced themselves from the magi and the mogbed and the impious Vasak.

But he [Vasak] had so incited and amazed the mind of the mogbed that he [the mogbed] could not understand the conse-quences of his actions. He began to distribute the magi in the nakharars' houses, to arrange [for their] great wages, to sacrifice animals, and to force those [who had been] baptized to eat sacri-ficial meat and to worship the sun. When such foul disturbances began to multiply throughout all the land, even the wives of the *pshtipans* [royal guard] dared to extinguish the church lights on a Sunday and tear the clothes of the pious women [nuns].

CHAPTER III

Զայս գուժկան աղմկի իբրեւ տեսին միաբան սուրբ եպիսկոպոսունքն, զաւետարանն ի ձեռն առեալ հասին եւ անկան առանց հարցանելոյ ի վանս սպարապետին ուր ժողովեալ էին զաւրքն Հայոց:

Համբարձին զձայնս իւրեանց եւ ասեն. «Աղաչեմք զձեզ զամենեսեան սուրբ աւետարանաւս. եթէ ձերով խորհրդիւ գործեն զայն անաւրէնութեան չարիս մարզպանն եւ մոգպետն, նախ զմեր պարանոցս հատէք, եւ ապա յեկեղեցին ձեռնարկեցէք: Ապա թէ առանց ձեր կամաց նոքա զայն չարիսն գործեն, այսաւր խնդրեսցի վրէժդ այդ ի նոցանէ»:

Իսկ որք էին ի ներքս ի վանս սպարապետին՝ յոտն կացին, միաբան համբարձին զձայնս իւրեանց առ Աստուած եւ ասեն. «Դու Տէր սրտագէտ ամենեցուն, ոչ ինչ պիտի քեզ վկայութիւն ի մարդկանէ. եթէ խոտորեալ իցեմք իքէն սրտի մտաւք, զայն դու ինքնին քաջ գիտես. այսաւր իսկ դատեա զմեզ ըստ մեղաց մերոց: Ապա եթէ հաստատուն կամք յուխտի սուրբ աւետարանիս, դո՛ւ Տէր, լեր մեր աւգնական այսաւր, եւ տուր զթշնամիսն ճշմարտութեան ի ձեռս մեր, զի արասցուք ընդ նոսա ըստ կամաց մերոց»:

Զայս իբրեւ ասացին, ամենեքեան զգլուխ զգետնի հարկանէին, եւ ողջունեցան յաւետարանէն եւ յեպիսկոպոսացն:

Իսկ մի ոմն ի նախարարացն որ անդր դիպեցաւ, էր ի նոցա խորհրդի, եւ ոչ միաբանեաց ընդ նոսա ի մեծ վկայութիւնն. եւ անդէն առ ժամայն ի նոցունց ի տեղւոջն քարկոծեցաւ, եւ ահ մեծ անկաւ ի վերայ ամենեցուն:

When the united holy bishops saw this deplorable outrage, they took the Gospel in their hands, and went uninvited to the sparapet's station, where the army of the Armenians had assembled.

They raised their voices and said: "We beg of you, altogether, by the Holy Gospel, that if by your counsel the marzban and mogbed have done this impious deed, [you would] first behead us and then undertake [to destroy] the church. But if they have worked this evil without your will, let this call upon you for revenge today."

And those who were inside the sparapet's mansion stood up, concordantly raised their voices to God, and said: "O Lord, knower of all hearts! You require no testimony from men. If we stray from you in our hearts, you know it well. Judge us today according to our sins. But if we stand firm in the covenant of the Holy Gospel, O Lord, be our helper today, and deliver the enemy of truth into our hand, so that we may deal with them according to our will."

When they had said this, they inclined their heads to the earth, and were blessed with the Gospel by the bishops.

But one of the nakharars who was there and among their council did not agree with their great oath—he was stoned [to death] by them on the spot, and great alarm fell upon everyone.

Յայնժամ ամենեքեան ի նախանձ բարկութեան բրդեցան, մինչեւ ամենայն տեսողացն երիկամունքն դողային, որք առ ոչ ինչ համարեցանզպարգեւս արքունի, եւ առ ոտն հարին զհրամանս ահագինս: Ընթացան վաղվաղակի ի զէնս իւրեանց, վառեցան կազմեցան զգիշերն ամենայն, եւ ընդ ծագել արեգականն զգունդն յերիս մասունս բաժանեալ ի բանակն արկանէին: Գունդն առաջին յարեւելից կուսէ, եւ գունդն երկրորդ յարեւմտից կողմանէ, եւ գունդն երրորդ ի հիւսիսոյ կողմանէ, շուրջանակի ի մէջ առեալ փակեցին զբազմութիւն բանակին. եւ զբազումս կոտորեցին, եւ զեւս բազմագոյնս կապեցին զերեւելի մարդիկ, եւ արկին ի բերդս ամուրս ընդ իւրեանց իշխանութեամբ: Եւ զառ եւ զապուռ եւ զաւար բանակին ի մի վայր ժողովեալ պահէին իբր հրամանաւ արքունի:

Իսկ զմարզպանն ձերբակալ արարեալ, եւ միաբանէր ընդ նոսա երդմամբ՝ հաստատուն կալ յուխտին, զղջանայր զառաջին քակումն ի նոցանէ: Անկանէր ապաշխարութեամբ յոտս սուրբ եպիսկոպոսացն, եւ աղաչէր խաղապատելով՝ զի մի՛ մերժեալ ընկեսցի առ ի նոցանէ: Կրկնէր եւ երեքկնէր զանսուտ երդումն առաջի բազմութեանն ի սուրբ աւետարանն, գրէր եւ կնքէր զերդումն եւ կապէր զաւետարանէն. եւ աղաչէր՝ զի յԱստուծոյ խնդրեսցի վրէժխնդրութիւնն, եւ մի՛ նոքա մարդկաբար սատակեսցեն զնա:

Իսկ նոքա թէպէտ եւ հաստատեալ գիտէին զնենգաւոր կեղծաւորութիւն նորա, եթէ խաբէութեամբ դառնայ անդրէն ի հին մոլորութիւնն, ոչ ինչ փոյթ առնէին ձեռն արկանել ի նա վասն առաջին յանցանացն, այլ սուրբ աւետարանին թողին ի դատապարտութիւն:

Then everyone became inflamed with zeal, until all the spectators' kidneys trembled. They considered the king's presents to be nothing, and they stomped upon [the king's] frightful orders. They then immediately took to their weapons, armed and organized everyone by night, and at dawn they split their forces into three divisions [and] sent [them] toward [the enemy's] army. The first division from the eastern side, the second division from the western side, and the third division from the northern side surrounded and enclosed the multitude of the [Persian] army; they killed many, and seized more of the notable among them and imprisoned them in forts of their own command. And they gathered the plunder and booty of the army in one spot and guarded it, as though by the king's command.

And when they arrested the marzban, he agreed with their oath to remain firm in the covenant and repented for having previously broken from them. He fell in repentance at the feet of the holy bishops, and pleaded and wept to not be cast away from them. [He] repeated twice and three times an unbreakable oath upon the Holy Gospel before the multitude; he wrote and sealed the oath and tied it to the Gospel; he begged that they ask God to take revenge, and not [fulfill their duty] as men to kill him.

And although they firmly knew of his cunning hypocrisy, and that he would deceitfully return to his former errors, they did not care to put their hands on him for his former fault, and left his sentence to the Holy Gospel.

CHAPTER III

Իսկ որք եկեալ էին յաւարի առնուլ զսուրբ զանձս եկեղեցւոյն, ակամայ եղին զանձինս եւ զաւար իւրեանց առաջի սուրբ եպիսկոպոսացն եւ ամենայն զաւրացն. եւ եղծաւ ապականեցաւ հրաման թագաւորին: Եւ յաջողեալք զաւրութեամբն Աստուծոյ՝ աղաղակէին եւ ասէին գոհանալով արք եւ կանայք եւ ամենայն ռամիկ բազմութիւնն. «Պատրաստ եմք ի հալածանս եւ ի մահ եւ յամենայն նեղութիւնս եւ ի չարչարանս վասն սուրբ եկեղեցեաց, զոր աւանդեցին հարքն մեր առաջինք՝ զաւրութեամբ գալստեան Տեառն մերոյ Յիսուսի Քրիստոսի, որով վերստին ծնաք ի մի յոյս հաւատոցն մկրտութեամբ ի Քրիստոս Յիսուս. ըստ նմին նմանութեան կամիմք չարչարանաւք եւ արեամբ նորոգել զանձինս: Քանզի հայր մեր զսուրբ աւետարանն գիտեմք, եւ մայր՝ զառաքելական եկեղեցի կաթողիկէ. մի՛ ոք չար անջրպետ ի մէջ անկեալ՝ զմեզ քակեսցէ ի սմանէ»:

Ոչ երեւէր այնուհետեւ առաւել տէր քան զծառայ, եւ ոչ ազատ փափկացեալ քան զգեղջուկ վշտացեալ, եւ ոչ ոք քան զոք նուաղեալ ի յարութենէ: Մի սիրտ յաւժարութեան ամենեցուն արանց եւ կանանց, ծերոց եւ տղայոց եւ ամենայն միաբանելոց ի Քրիստոս: Քանզի առ հասարակ զմի զինուորութիւն զինուորեցան եւ զմի ազան զրահս հաւատոց պատուիրանին Քրիստոսի. միով զաւտեաւ ճշմարտութեան պնդեցին զմէջս արք եւ կանայք:

Ընկեցեալ կայր այնուհետեւ ոսկի, եւ ոչ ոք առնոյր իւր առանձինն արծաթ, եւ արհամարհեալ առանց ագահութեան, անարգեալ պատուական հանդերձք առ ի զարդս մեծարանաց: Նա՝ իւրաքանչիւր ստացուածք ոչ ինչ համարէին

And those who had plundered the sacred treasures of the church were forced to surrender themselves and their spoils before the holy bishops and the whole army, and the royal order was nullified. And succeeding by the power of God, the men, women, and the whole multitude of commoners shouted in thanksgiving and said: "We are ready for persecution and death and all troubles and torments for [the sake of] the holy churches, which were passed down to us from our forefathers by the power of the coming of our Lord Jesus Christ, through whom we were born again by the one hope of faith in the baptism of Christ Jesus. Likewise we resolve to renew ourselves through torture and blood. For we acknowledge [as] our father the Holy Gospel, and [as] our mother the Apostolic Catholic Church. Let no evil separation come between us to detach us from her."

Thereafter, lord seemed no greater than servant, nor softened noble greater than hardened peasant, nor was anyone weaker in courage than anyone [else]. One willing heart for all—men and women, old and young, and all those united in Christ. For [they] all armed themselves with the same armaments and wore the same armor of faith in Christ's command, and with the same belt of truth, both men and women bound their waists.

Then gold was cast away, and no one took up silver for himself, and without avarice from disdain [of it], they rejected the precious clothing [worn] for fashion and honor. Likewise, all possessions were considered [as] nothing

յաչս ստացողաց իւրեանց։ Տեսանէին զանձինս իւրեանց իբրեւ զմեռեալ դիակունս, եւ զիւրաքանչիւր գերեզմանս ինքեանք փորէին, եւ կեանք իւրեանց ի մահ համարեալ էին, եւ մահք իւրեանց անշուշտ կեանք։

Բայց այս բարբառ ստէպ ստէպ ընթանայր. «Քաջութեամբ միայն մեռցուք, զանուն եւ զոգիս եւեթ ժառանգեսցուք, զի կենդանի իցէ ի մեզ Քրիստոս, որում դիւրին է միւսանգամ նորոգել զմեզ ի հողոյ եւ զամենայն զյառաջագոյն զննջեցեալսն, եւ հատուցանել իւրաքանչիւր ըստ գործս իւրեանց»։

Զայս եւ առաւել քան զոյնս խաւսելով, եւ մխիթարելով զանձինս եւ զմիմեանս, դարձեալ միւսանգամ զինուորքն պատրաստեցին զզէնս իւրեանց, եւ աղաւթականքն անդադար լինէին յաղաւթսն իւրեանց, եւ պահողքն ճգնէին ի պահս իւրեանց։ Զայնք պաշտաւնէիցն ի տուէ եւ ի գիշերի անհատ էին ի սուրբ սաղմոսսն. ընթերցուածք աստուածային կտակարանացն ոչ երբէք առնուին դադարումն յամենայն ժամ. սոյնպէս եւ մեկնիչքն ի մխիթարութիւն երկնաւոր վարդապետութեանն։

Յայնմ ժամանակի դարձեալ յարձակեցան ի վերայ բերդիցն եւ աւանաց, զոր ունէին Պարսիկքն ի տեղիս տեղիս, յամրոցս աշխարհին. տապալէին քանդէին զբնակութիւն նոցա։ Առաջին զմեծն Արտաշատիհանդերձ աւանաւք իւրովք. եւ առնուին զանմատոյց ամուրսն՝ զԳառնի քաղաքն, զԱնին, զԱրտագերս եւ զաւանս իւրեանց. զԵրկայնորդսն եւ զԱրխնին եւ զաւանս իւրեանց. զԲարձրաբողն, զԽորանիստն, զԾախանիստն, զանկասկածելի Ողականն, եւ ընդ նոսա եւ զաւանս իւրեանց. զԱրփանեալն, զՎանն աւան, ընդ նմին եւ զաւանսն իւր. զԳռեալն եւ զԿապոյտն, զՈրոտն եւ զՎաշակաշատն։

in the eyes of the owners. They saw themselves as dead bodies, and each one was digging his own grave; they considered that their lives were death, and their deaths were certain life.

But these words quickly proceeded: "Let us only die courageously, let us only inherit name and spirit, so that within us may live Christ, for whom it is easy to renew again out of dust [both] ourselves and all those who expired before us, and to repay each according to his deeds."

Speaking of this, and more, and consoling themselves and each other, once more the warriors prepared their arms, and the prayerful were unceasing in their prayers, and the fasters devoted to their fasts. The voices of the singers day and night did not cease [to sound] the holy psalms; the reading of the divine testaments never ceased at any time, nor did the interpreters of the consolation of [the] heavenly teaching.

Then, once again they attacked the forts and towers of the Persians in diverse strongholds of the land, [and] demolished and destroyed their dwellings. First, they took the great Artashat with its villages; then, they took the inaccessible fortress of the city of Garni, Ani, Artakers and its villages; Yerkainort and Arkhni and their villages; Bardzrabogh, Khoranist, Tsakhanist, the indubitable Oghakan and their villages; Arpaneal, the town of Van and its [surrounding] villages; Kreal and Kapuyt, Orotn and Vashakashat.

CHAPTER III

Զամենեսին զայս իւրաքանչիւր գեղիք եւ ագարակաւք, զաւրաւք եւ զաւրագլխաւք ի նմին ամի առեալ տապալեցին, եւ ի գերութիւն վարեցին զարս եւ զկանայս ընչիւք եւ ստացուածովք, հանդերձ պատուական զանձիւք եւ նոցին սպասուք: Տապալէին քանդէին զշինուածս նոցա, եւ այրէին կիզուին զտունս պաշտաման կրակի: Սրբէին զպղծութիւն կռապաշտութեանցն, եւ առնուին զկահ եւ զկազմածս ատրուշանացն, բերէին եւ դնէին ի սուրբ եկեղեցւոջն, եւ ի ձեռն սուրբ քահանայիցն նուիրէին ի սպաս տէրունական սեղանոյն: Եւ փոխանակ սնոտի պաշտամանցն, զոր տապալեցին յամենայն տեղիս հեթանոսացն, զփրկական խաչն Քրիստոսի կանգնէին, զամենասուրբ սեղանն ուղղէին, եւ զկենդանարար խորհուրդն կատարէին սրբութեամբ. Պաշտաւնեայս եւ քահանայս ի տեղւոջն կացուցանէին: Յուսով հաստատեալ խնդայր ամենայն երկիրն առ հասարակ:

Եւ մինչդեռ յայսմ մեծի առաքինութեան կատարեալ գործէին զգործ նախատակութեանն, երեւէր իմն ի վերայ ամենեցուն աստուածային շնորհք. քանզի առանց հրամանի ի զաւրացն Հայոց, յարեւելից կողմանէ աշխարհին յարձակեցան ոմանք յԱտրպատական աշխարհն, եւ ի տեղիս տեղիս բազում վնաս արարին՝ առնլով եւ աւերելով եւ քանդելով զբազում ատրուշանս:

Իսկ որ ի մեծ ամուրսն անկանէին՝ խաչանշան արարեալ՝ ի վերայ զաւրուն յարձակէին. որ եւ երկու մեծամեծ բերդացն պարիսպքն առանց ուրուք մերձենալոյ անկեալ կործանեցան. մինչեւ ամենայն բնակչաց երկրին զահի հարեալ

All of these, including each one's villages and farms, troops and commanders, they took and destroyed in the same year, and took as captive men and women together with their riches and possessions, treasures and wares. They demolished and destroyed their buildings and burnt down their houses of fire-worship. They cleansed the impurity of idolatry and took [away] the vessels and goods of the fire temples, and brought and placed them in the holy churches, and by the hands of the holy priests they consecrated them to the service of the Lord's altar. And instead of the vain offices [of worship] that they demolished in all places of the heathens, they raised the salvation-giving cross of Christ, [and] prepared the most holy altar, and with holy reverence performed the life-giving sacrament, and appointed deacons and priests. With firm hope, all the land rejoiced together.

And while they carried out their work of martyrdom with great virtue, divine graces came upon them all—for without any command from the Armenian forces, from the Eastern side of the land some attacked the land of Atrpatakan, and in diverse places inflicted much harm, plundering and ruining and destroying the fire temples.

Those who fell upon the great strongholds made the sign of the cross [and] attacked the troops; and the two ramparts of the great fortress, without being approached, fell and collapsed, so that all the inhabitants of the land were terrified

ի մեծ նշանէն, ինքեանք ինքեանց ձեռաւք զկրակատունսն այրէին. ուրանալով զաւրէնս մոգութեանն՝ խոստովանէին ի սուրբ աւետարանն:

Եւ այլ մեծամեծ աջողութիւնք կատարէին ի ձեռն զաւրականին. քանզի ուր ոչ էր ակնկալութիւն, եթէ զանուն Աստուծոյ որք յիշեսցէ, արիաւիրք մեծ անկանէին ի վերայ նոցա, եւ ամենայն մարդ պատմէր ընկերի իւրում տեսիլս նորս եւ զարմանալիս: Սոյնպէս եւ աստեղք ի յերկինս երեւէին յոյժ լուսալիր պայծառացեալ, զոր ոչ ունէին յառաջին բնութեանն: Եւ ամենայն տղայք աշխարհին իբրեւ զարս պատերազմողս խիզախէին:

Եւ ահա յետ աւուրց բազմաց եկն եհաս հազարապետն Աղուանից սուրբ եպիսկոպոսաւ աշխարհին, մեծաւ տագնապաւ փութացուցանէր զզաւրսն ասելով. «Գունդն Պարսից, որ էր ի կողմանս աշխարհին Հոնաց, դարձաւ այսրէն, եկն եմուտ յաշխարհս մեր. եւ բազում եւս եւ այլ այրուձի որ ի դրանէ եկն: Եւ թող զայս ամենայն, այլ երեք հարեւր մոգ վարդապետ ածեալ ընդ իւրեանս, պառակտեցին զաշխարհին, եւ զոմանս ոմանս յինքեանս արկին, եւ կամէին յեկեղեցին ձեռն արկանել. եւ հրամանաւ թագաւորին ստիպէին զամենեսեան եւ ասէին. «Եթէ կամաւք յանձն առնուք զաւրէնսն, պարգեւս եւ պատիւս գտանէք ի նմանէ, եւ թողութիւն հարկացն յարքունուստ լիցի ձեզ, ապա թէ կամաւք զայդ չ առնէք, հրաման ունիմք ի զաւուրս եւ ի քաղաքս շինել ատրուշանս, եւ զվռամական կրակն ի ներքս դնել, եւ կացուցանել մոգս եւ մոգպետս աւրէնսդիր ամենայն աշխարհիդ:

by this great miracle, and with their own hands destroyed the fire-temples, denying the religion of Magiansm and confessing in the Holy Gospel.

Still more great successes were accomplished at the hand of the army; for [even] where there was no hope that anyone would recall the name of God, great fear befell them, and every man told his friend of new visiosn and astonishments. Likewise the stars in the heavens shone with greater brightness than in their former nature. And all the children in the land were as valiant as men of war.

After many days the hazarbed of the Aghuans came to the holy bishop of the land, [and] in great haste urged the army, saying: "The Persian army, which had been in the land of the Huns, has returned, and entered our land, with many additional [troops] and cavalry from the [royal] court. And besides this, they are accompanied by three hundred magian teachers, have divided the land, and captured some [people], and resolved to extend their hands upon the churches. And by the king's command they [the magi] pressed everyone and said: 'If you willingly receive [the Magian] religion, [you will] find gifts and honors from him [the king], and tax exemption from the court; but if you willfully do not receive [our religion], we have an order to construct fire-temples in the villages and cities, and to light the fire of Vram[19] inside, and to establish magi and mogbeds as legislators in all your land.

19   'Atash Behram' ("fire of victory"), the most sacred fire in the Zoroastrian religion.

Եւ եթէ ստամբակեալ ոք ընդդէմ դարձցի, ինքն մահու պատուհաս ընդունի, եւ կին եւ որդիք այնպիսւոյն անաշխարհիկ եղեալ՝ յարքունիս երթիցեն»:

Իսկ գունդն Հայոց իբրեւ լուաւ զայս գոյժ դառնութեան, ոչ ինչ թուլացեալ լքան ի քաջութենէն. այլ դարձեալ համագունդ ժողով լինէր ամենայն աշխարհին վասն գուժաբեր հրեշտակացն, որ հասին առ նոսա: Եւ միաբան քաջալերս տուեալ՝ արձակեցին զնոսա, զի առ ժամանակ մի զնոսա պատիր խաբէութեամբ կալցեն, զի խափանեսցին ի չար կամացն՝ չձեռնարկել ի սուրբ ուխտ եկեղեցւոյն իւրեանց. եւ ինքեանք զաւրութեամբն Աստուծոյ խորհուրդ ի մէջ առեալ՝ հնարիւք ելս իրացն խնդրէին:

Յայնմ ժամանակի զմի ոմն ի մեծ նախարարացն ի տոհմէն Գնունեաց ՝Ատոմ, ճեպով առաքեցին յերկիրն Արեւմտից, ցուցանել զայս ամենայն խորհուրդ զչարիմաց թագաւորին Արեւելից, միանգամայն եւ պատմել զիւրեանց քաջութիւն արութեանցն, զոր գործովք կատարեցին՝ առ ոտն հարկանելով զհրամանն ահեղ, եւ մեծապէս սաստակումն ի վերայ մոգացն հաստւցանել, խնդրել ի նմանէ աւգնականութիւն սատարութեան, եւ եթէ նա կամեսցի՝ նմա իսկ մտանել ի ծառայութիւն:

Եւ այս է պատճէն հրովարտակին, զոր գրեցին առ Թէոդոս կայսր.

And should anyone resist, he shall be sentenced to death, and his wife and children will be exiled and sent to the royal estates."

When the Armenian army heard this bitter news, they did not weaken or give up courage; but everyone from the entire land assembled on account of the ill news of the messengers. And they unanimously gave encouragement and saw them [the Persians] off, so that for a time they might deal with them cunningly, in order to hinder their evil intentions, lest they lay a hand upon the holy covenant of their church. And in the power of God they took council [to find the] means to overcome the problem.

At this time one of the distinguished nakharars from the house of the Gnunik', [named] Atom, was sent in haste to the West to indicate all the plans of the malevolent king of the East, and at the same time to make known their bravery that they performed with their works (treading upon the [king's] dreadful command and bringing considerable destruction upon the magi), and to request from him [Theodosius] help and support, and if he so wished, even entering into his service.

And this is a copy of the letter that they wrote to Theodosius caesar:

«ՅՈՎՍԷՓ եպիսկոպոս բազում եպիսկոպոսակցաւք իմովք եւ ամենայն զաւրաւք Հայոց, Վասակ մարզպան եւ Ներշապուհ Ռմբոսեան հանդերձ սպարապետաւս եւ ամենայն մեծամեծ նախարարաւքս առ մեծանունդ Թէոդոս կայսր, բազմացի ողջոյն մեր առ քեզ եւ ամենայն զաւրաց քոց, որ խաղաղասէր մարդասիրութեամբ ձերով տիրէք ծովու եւ ցամաքի, եւ չիք ոք յերկրաւորացս, որ ձերում անարգել տէրութեանդ ընդդէմ դառնայցէ:

Որպէս մեք իսկ ունիմք զանսուտ յիշատակարանսն զառաջինն նախնեացն ձերոց, ունելով զԵւրոպէ՝ անցին եւ տիրեցին եւ Ասիացւոց կողմանցն սահմանացն Մէիրայ մինչեւ ի կողմանս Գադերոփի, եւ ոչ ոք գտաւ ստամբակեալ եւ ելանել ըստ ձեռն նոցա:

Եւ յայնչափ մեծ իշխանութեան՝ դաստակերտ մեծ եւ սիրելի զՀայոց աշխարհս անուանէին: Վասն որոյ եւ նախնին մեր Տրդատիոս յիշելով զառաջին սէրն ձեր, որ ի տղայութեան փախուցեալ ի հայրասպան մարդախողխող հաւրեղբարցն իւրոց՝ ապրեալ սնաւ յերկրիդ Յունաց, եւ ի ձէնջ թագաւորեալ տիրէր հայրենի աշխարհիս,

"Bishop Hovsep, together with many fellow bishops and the entire Armenian army, Vasak the Marzban and Nershapuh Rmbosian, together with the sparapets and all the distinguished nakharars, to the illustrious Theodosius caesar, many greetings from us to you and your whole army, who in peaceful benevolence rule the sea and land, and none on earth can oppose your unimpeded dominion.

"As we also have truthful records of your valiant predecessors who, having taken Europe, passed over and ruled parts of Asia, from the borders of Seir to Gaderown, and no one resisted or escaped their rule.

"And in that great empire they called Armenia a great and beloved territory. Because of that, our ancestor, Trdatios [Trdat], remembered your former affection, when as a child he fled from his murderous uncles who had killed his father, lived, and was raised in the land of the Greeks. And, having been made king by you he ruled over his ancestral land,

> սոյնպէս եւ զհաւատսն որ ի Քրիստոս՝ ընկալեալ ի սուրբ եպիսկոպոսապետէն Հռովմայ, լուսաւորեաց զխաւարային կողմանս հիւսիսոյ. զոր եւ այժմ կամին ի մէնջ կորզել հանել խաւարասէր որդիքն արեւելից:
>
> Եւ մեք ի ձեր քաջութիւն արութեանդ խիզախեալ, էր ինչ, որ ընդդէմ դարձաք նոցա հրամանացն, եւ բազում այն է, որ արդ առաջի պատրաստեալ եմք: Ընտրեցաք զմահ աստուածպաշտութեամբ քան զկեանս ուրացութեամբ. եթէ դուք եւս ի ձեռն առջիք զմեզ, ահա կրկին կենաց դիպեցաք եւ ոչ միանգամ մահու: Եւ եթէ սակաւիկ մի հեղգայք, գուցէ բազում եւ այլոց աշխարհաց հասանիցէ տապ բոցոյ սորա»:

Եւ իբրեւ յանդիման եղեն մեծի թագաւորին, եւ ընթերցան զգիր պաղատանաց Հայոց աշխարհին եւ զյիշատակարանս նախնեացն, բազում մատեանք ի մէջ եկեալ ընթերցան, որ զնոյն ուխտ հաստատութեան ի ներքս գտանէին:

Եւ մինչդեռ երանելին Թէոդոս հարցանէր զամենայն սինկղիտոսն, եւ հնարս իրացն կամէր գտանել խաղաղութեամբ, եւ հոգ տանէր մեծաւ յաւժարութեամբ, զի մի՛ եկեղեցիքն արեւելից յափշտակեսցին յանաւրէն հեթանոսացն, ի նմին ժամանակի անդէն վաղվաղակի հասանէր վախճան կատարած ի կենաց նորա, եւ կարի չար խափանումն լինէր գործոյն աւգնականութեան:

and likewise receiving faith in Christ from the holy archbishop of Rome, he lightened the darkness of the northern lands, which now the darkness-loving sons of the East resolve to take from us.

"And emboldened by your manly bravery, we opposed their commands, and there are many more that we are ready [to oppose]. We prefer death in godliness to a life in apostacy; should you extend a hand to us, we will have met life again and not at once death. And if you tarry a little, perhaps this blazing fire will reach many other lands."

And when they came before the great king and read the pleading letter of the Armenian country and the records of their ancestors, many books were brought forth and read, in which they had found the same firm covenant.

And while the blessed Theodosius was demanding the whole Senate to find peaceful means [for the work], he took care with great inclination that the churches of the East not be seized by impious heathens, at which time the end of his life came suddenly[20], and the work of [obtaining] assistance was cruelly hindered.

---

20   July 28th, 450.

CHAPTER III

Եւ թագաւորէ փոխանակ նորա Մարկիանոս կայսր, եւ ի ձեռն վատթարարանց խրատտուաց իւրոց ծառայից, Անատոլեայ՝ որ սպարապետն էր, եւ Եղփարիոս ասորի, երկոքեան անարգք եւ վատթար արանց, միանգամայն եւ անաստուածք, ի նոցա բանս ելեալ թագաւորն, ոչ կամէր անսալ միաբան ուխտին Հայոց, որ ամենայն ուժովս իւրեանց ընդդէմ կացեալ էին չարութեանն հեթանոսաց։ Իսկ անարիս այս լաւ համարէր պահել զուխտն հեթանոսաց վասն մարմնական խաղաղութեան՝ քան պատերազմակից լինել ուխտին քրիստոնէութեան։ Վասն այսորիկ փութացաւ արձակեաց դեսպանս առ թագաւորն Պարսից զնոյն Եղփարիոսն, եւ եմուտ ընդ նմա յուխտ հաստատութեան՝ ձեռնթափ լինել ի զաւրացն Հայոց զաւրու եւ զինու եւ ամենայն աւգնականութեամբ։

Եւ իբրեւ այս այսպէս հաստատեցաւ, եւ հատաւ աւգնականութիւն յուսոյ նոցա ի մարդկանէ, դարձեալ սուրբ եպիսկոպոսքն քաջալերել սկսան զանձինս եւ զաւրսն Հայոց։ Թէպէտ եւ հայէին յիւրեանց սակաւութիւնն եւ յերկոցունց թագաւորացն միաբանութիւն, ոչ ինչ վատասրտեալ դողային, այլ ըստ առաջին ուխտին խիզախէին եւ ասէին.

«Պատրաստ եմք ի սպանանել եւ ի մեռանել. դիւրին է Աստուծոյ սակաւուք զբազմաց գործ գործել, եւ անարգաւք զմեծամեծ իրս կատարել»։

And the Emperor Marcian was enthroned in his place. And at the instigation of two wicked advisers among his servants—Anatolius, who was the general, and Eghparios the Assyrian—both of whom were ignoble and evil men, and at the same time ungodly, the king heard their words and did not resolve to join in the covenant of the Armenians, who with all their power were opposing the malice of the heathens. But this coward considered it better to keep his alliance with the heathens for worldly peace than to fight in companionship with the Christian covenant. For that reason, he hurried and sent as ambassador to the Persian king the same Eghparios, and he entered into a firm alliance, surrendering personnel, arms, and all [other military] assistance to the Armenian army.

And when this was done, and their hope of [receiving] human assistance was gone, the holy bishops again began to encourage themselves and the Armenian army. Although they beheld their smallness [in numbers] and the union of the two kings, they were not at all disheartened or shaken, but took courage in their former covenant, and said:

"We are ready to kill and be killed: it is easy for God to accomplish with few [people] the work of many, and for [those who are] despised to accomplish great things."

Թէպէտ եւ ոչ ունէին թագաւոր առաջնորդ, եւ ոչ արտաքուստ աւգնական զոք յաւտարաց, սակայն անձանց առաքինութեամբ եւ սուրբ վարդապետացն մխիթարութեամբ՝ համագունդ ամենայն նախարարքն զաւրաւքն իւրեանց յիւրաքանչիւր տանէ ի մի վայր գային հասանէին վաղվաղակի. բազում եւ այլ այրուձի, որ յարքունի տանէ անտի էր:

Եւ զամենայն զաւրսն յերիս գունդս բաժանէին:

Զգունդն առաջին տային ցՆերշապուհ Ռմբոսեան, եւ գումարէին զնա պահապան աշխարհին, մերձ ի սահմանս Ատրպատական աշխարհին:

Եւ զգունդն երկրորդ տային ի ձեռն Վարդանայ զաւրավարին Հայոց՝ անցանել ընդ սահմանս Վրաց ի վերայ մարզպանին Ճորայ, որ եկեալ էր աւերել զեկեղեցիսն Աղուանից:

Իսկ զգունդն երրորդ տային ի ձեռս Վասակայ իշխանին Սիւնեաց, որ ոչ ի բաց կացեալ էր յուխտէն հեթանոսաց ըստ ներքին խորհրդոցն իւրոց:

Ընտրեաց եւ էառ ընդ իւր՝ զորոց գիտէր զթուլութիւն հաւատոց նոցա.

Զիշխանն Բագրատունեաց զաւրաւքն իւրովք:
Զիշխանն Խորխոռունեաց զաւրաւքն իւրովք:
Զիշխանն Ապահունեաց զաւրաւքն իւրովք:
Զիշխանն Վահեւունեաց զաւրաւքն իւրովք:
Զիշխանն Պալունեաց զաւրաւքն իւրովք:
Զիշխանն Գաբեղենից զաւրաւքն իւրովք:
Զիշխանն Ուրծայ զաւրաւքն իւրովք:

Եւ զայլ բազում զաւրս յարքունի տանէն արկ յինքն,

Although they did not have a king as leader, nor assistance from foreigners, yet by their own virtue and the consolation of the holy vardapets, all the forces of the nakharars from each house gathered together immediately, [along] with much cavalry from the royal house.

The entire army was divided into three regiments.

The first regiment was entrusted to Nershapuh Rmbosian, and assembled to guard the land along the boundary of the land Atrpatakan.

The second regiment was given into the hands of Vartan, the general of the Armenians, to pass through the borders of Georgia, to attack the marzban of Chor who had arrived to devastate the churches of the Aghuank.

And the third regiment was given over to the hands of Vasak, the prince of Syunik', who had not disengaged himself from [his] alliance with the heathens in his inner thoughts.

He [Vasak] chose and took among his soldiers those whom he knew to be of weak faith:

The prince of the Bagratunik with his corps.
The prince of the Khorkhorunik with his corps.
The prince of the Apahunik with his corps.
The prince of the Vahewunik with his corps.
The prince of the Palunik with his corps.
The prince of the Gabeghenik with his corps.
The prince of Urtsa with his corps.

And he took many other troops from the royal house,

եւ զսեպուհս ոմանս յայլմէ տոհմէ։ Եւ խորամանկ խաբէութեամբ դարանամուտ լինէր յամուրս իւրոյ աշխարհին, ի պատճառս կեղծաւորութեան՝ եթէ ընդ ճապուկ անդր անցանէ ի վերայ զնդին Պարսից՝ հալածականս առնել յաշխարհէն Աղուանից։

Իսկ նա յամրածածուկ հաւալոցէն ճեպով դեսպանս արձակէր առ գունդն Պարսից. «Ահաւադիկ քակեցի զմիաբանութիւն ուխտին Հայոց, եւ ընդ երիս կողմանս զգունդն քակեալ բաժանեցի։ Զգունդն առաջին հեռացուցի ի կողմանս Հերայ եւ Զարեւանդայ. եւ գունդս երկրորդ ընդ իմով ձեռամբ է, որոց ոչ ինչ տամ փսաս առնել զաւրաց արքունի։ Եւ զայլ ամենայն, որ այր կռուոյ յաշխարհի աստ գտանէր, ցանեցի ցրուեցի ընդ ամենայն միջոցս աշխարհիս։ Բայց զգունդն երրորդ արարի ընդ Վարդանայ յԱղուանս՝ սակաւաձեռն եւ ոչ բազմաթիւ։ Ե՛լ համարձակ ընդ առաջ նորա, եւ մի՛ ինչ զանգիտեր ամենեւին տալ պատերազմ. գիտեմ՝ զի ի պարտութիւն մատնին առաջի քոյոյ մեծի զաւրութեանդ»։

Զայս գրեաց եւ եցոյց մարզպանին՝ որում անունն էր Սեբուխտ։ Իսկ նա իբրեւ լուաւ զայս ամենայն զքաջալերս ի Վասակայ, եւ ստուգեալ հաստատեաց ի միտս իւր, եթէ սակաւաձեռն գնդաւ գայ սպարապետն Հայոց ի վերայ նորա, ոչ եկաց մնաց ի կողմանս Ճորայ, այլ կուտեաց զամենայն բազմութիւն զաւրու իւրոյ, եւ փութանակի անցանէր ընդ մեծ գետն Կուր անուն, եւ պատահէր նմա

and some junior nobles from other clans. Then with cunning deceit, he lay in wait in the fortresses of his land [Syunik], hypocritically pretending that from there he would flexibly fall upon the Persian army and drive them from the land of the Aghuank.

And from his secret chicken coop, he quickly sent messengers to the Persian army: "Behold, I have loosened the unity of the Armenian alliance, and divided their army into three parts. The first regiment I sent away to the region of Her and Zarevand, and the second is in my hands, which I will not at all allow to harm the royal army. And all the soldiery in the land, I scattered throughout the whole inner of the land. But the third regiment I sent to Aghuank with Vartan, a small force, and not numerous. Go boldly before him, and do not hesitate to give them battle. I know that they will be worsted before your great force."

This he wrote and showed to the marzban, whose name was Sebukht. And when he heard these encouraging words from Vasak, and verified and confirmed that the Armenian sparapet was marching upon him with a small contingent, he tarried not in the region of Chor, but gathered his whole force and quickly crossed the great river named Kur, and happened upon him

CHAPTER III

մերձ ի սահմանս Վրաց հանդէպ Խաղխաղ քաղաքի, որձ-մերոց էր թագաւորացն Աղուանից: Անցանէր բաւանդակէր ամենայն զաւրաւք իւրովք. ռազմ արարեալ զբոլոր մեծութիւն դաշտին ի ներքս փակէր. զինեալք եւ վառեալք ամենայն պատրաստութեամբ ի մարտ պատերազմի ընդդէմ գնդին Հայոց:

Իսկ քաջն Վարդան եւ ամենայն զաւրքն, որ ընդ նմա էին, իբրեւ տեսին զբազմութիւն պատրաստութեան գնդին հեթանոսաց, հայեցան եւ յիւրեանց սակաւութիւնն. թէպէտ եւ կարի յոյժ նուազունք էին քան զնոսա, ոչ ինչ զանգիտեցին առ ի յոյժ բազմութենէն, այլ առ հասարակ միաբան համբարձին յերկինս զձեռս իւրեանց, աղաղակէին եւ ասէին.

«Դատեա, Տէր, զայնոսիկ, ոյք դատին զմեզ. մարտիր ընդ այնոսիկ, որ մարտնչինս ընդ մեզ. Զին ու եւ ասպարաւ քով աւգնեա մեզ: Շարժեա եւ դողացո զգունդագունդ բազմութիւն անաւրինացս. ցրուեա եւ վատնեա զչար միաբանութիւն թշնամեաց քոց առաջի քոյոյ փրկական մեծի նշանիս, եւ տուր ի ձեռն սակաւուցս զքաջութիւն յաղթութեան ի վերայ անհնարին բազմութեանս: Ոչ ի պարծանս սնոտի փառասիրութեան անաւգուտ վաստակոց ինչ աղաչեմք, կամ յագահութիւն ընչասիրութեան զանցաւոր մեծութիւն կապտելոյ, այլ զի ծանիցեն եւ գիտասցեն ամենեքեան այնոքիկ, որ ոչն հնազանդին սուրբ աւետարանին քարոզութեան, եթէ դու ես Տէր կենաց եւ մահու, եւ ի ձեռն քո է յաղթութիւն եւ պարտութիւն: Եւ մեք պատրաստ եմք ի մեռանել վասն քո սիրոյդ. եւ եթէ սպանանել եւս հասանէ զնոսա, եղիցուք վրէժխնդիրք ճշմարտութեանն»:

[Vartan] at the border of Georgia, before the city of Khagh-khagh, which was the winter residence of the Aghuan kings. Proceeding there with all his army, he manned the entire expanse of the field and blockaded the interior, being armed [and having taken] every preparation for battle against the Armenian army.

The brave Vartan and the whole army that was with him, when they beheld the great multitude of the army of the heathens in array, looked upon their own smallness. Though they were much fewer [in number] than they [the Persians], they did not fear the great multitude at all, but all together they raised their hands to the heavens, cried out and said:

"Contend, O Lord, with those who contend with us; fight against those who fight against us! Take hold of shield and buckler, and rise for our help![21] Shake and tremble and defeat the great number of the unrighteous; scatter and waste the wicked union of your enemies before your great sign of redemption [i.e., the cross], and give into the hands of the few the power of victory over the huge multitude. Not for the boast of the fruitless rewards of vainglory do we pray, nor out of covetousness for seizing ephemeral greatness, but that those who do not obey the preaching of the Holy Gospel may consider and know this—that you are the Lord of life and death, and in your hands are victory and defeat. And we are ready to die for your love; and should they be slaughtered, we shall be made avengers of the truth."

---

21   Psalm 35:1-2.

CHAPTER III

Եւ զայս ասելով՝ խումբ արարեալ յարձակէին, եւ զաջ թեւն բեկեալ՝ զձախոյ կողմամբն արկեալ, սրոյ ճարակ զամենեսեան տային ընդ երեսս դաշտին, եւ փախստական առնէին մինչեւ յամուր տեղիս մայրեացն առ խորագոյն դարիւքն Լոփնաս գետոյ: Ուր ընդդէմ դարձեալ թագաւորազանց ոմանց Բաղասական արքայի, ընկեցին զոմն ի ձիոյ ի նախարարացն Հայոց, ի գնդէն Դիմաքսենից զՄուշ սպանին, եւ զԳազրիկ վիրաւորեցին:

Յայնմ տեղւոջ դէտակն ի վեր ամբառնայր Արշաւիր Արշարունի, գոչէր առիւծաբար եւ յարձակէր վարազաբար, հարկանէր եւ սատակէր զՎուրկն քաջ զեղբայր թագաւորին Լփնաց, եւ զբազում համհարզս նորին ընդ նմին սատակէր: Եւ այնպէս ամենեքեան առհասարակ այր զախոյեան իւր յերկիր կործանէր: Եւ առ յոյժ յանդուգն յարձակմանն յոլովագոյն այն էր զոր գետամոյնս առնէին քան զանկեալսն սրոյ ի ցամաքի: Եւ ի բազմութենէ դիականցն անկելոց՝ յատակ ջուրք գետոյն յարիւն դառնային, եւ ոչ գտանէր ոք ամենեւին ի նոցանէ ապրեալ եւ թագուցեալ յանտառախիտ մայրիս դաշտացն: Բայց մի ոմն ի զաւրականէ թշնամեացն՝ զինու հանդերձ ելեալ ի նիւս երիվարին անցանէր ընդ մեծ գետն, մազապուր պրծեալ ի պատերազմէն՝ գոյժ տանէր ի մնացեալ բուն բանակն, որք փախստական անկանէին ի մեծ շահաստանն:

Յայնմ ժամանակի զաւրքն Հայոց կատարելով զմեծ գործ պատերազմին՝ դիակապուտ դառնային, ժողովէին զբազում աւար բանակին, եւ կողոպտէին զանկեալ դիակունսն. եւ կուտէին բազում արծաթ եւ ոսկի, զզէնս եւ զզարդս զարի արանց եւ զքաջ երիվարաց:

Having said this, they attacked and fiercely assaulted [the enemy], and breaking the right flank, they set toward the left side; [they] devoured by sword everyone over the open field, and drove them in flight until [they reached] the strong part of the woods near the deep valleys of the Lopnas river. Here some of the royal troops of the king of Baghas returned, and cast down an Armenian nakharar [who was] on horseback, killed Mush of the Dimaksian regiment and wounded Gazrik.

There, Arshavir Arsharuni lifted his eyes, roared like a lion, attacked like a boar, struck and killed Vurk, the valiant brother of the king of the Lp'ink, and many of his adjutants he slaughtered with him. And, like that, everyone was felled to the ground by his foe. And by the great boldness of the attack, many [more] were those who drowned in the river than were cut down by the sword on land. And by the number of the fallen corpses, the clear water of the river turned to blood, and none of them at all survived to hide in the dense forests of the plains. But one of the enemy soldiers with his arms got on horseback and crossed the great river, escaped the battle by a hair's breadth, and delivered the sad news to those who remained from their camp, who had fled to the great capital.

Then, the Armenian army having completed this great battle, turned to despoiling the dead. They gathered much loot from the army, and plundered the fallen corpses; and they took much silver and gold, and the weapons and adornments of the brave men and their gallant horses.

CHAPTER III

Դարձեալ յարձակէին ոչ սակաւ քաջութեամբ ի վերայ բերդիցն եւ քաղաքաց, զոր ունէին Պարսիկքն յաշխարհին Աղուանից, հզաւրապէս մարտնչելով այրէին զամուրս արգելանաց նոցա, եւ զերամս երամս մոգացն, զոր պատրաստական ածեալ էին աշխարհին գայթակղութիւն, ո՛ւր եւ գտանէին յամուրս ամուրս վայրացն, սրոյ ճարակ տուեալ՝ դնէին զէշ թռչնոց երկնից եւ գազանաց երկրի: Սրբէին զտեղիսն յամենայն պղծագործ զոհիցն, եւ փրկեալ ազատէին զեկեղեցիսն յանհնարին նեղութենէն:

Եւ բազումք ի նախարարացն Աղուանից եւ յամենայն շինականացն, որք վասն անուանն Աստուծոյ ցրուեալ եւ վատնեալ էին յամուրս լերանց Կապկոհի, իբրեւ տեսին զաջողութիւն գործոյն, զոր կատարէր Աստուած ի ձեռն զնդին Հայոց, գային ժողովէին եւ նոքա, եւ խառնէին ի զաւրս նոցա, եւ միաբանք եւ հաւասարք կցորդք լինէին գործոյն նահատակութեան: Խաղային գնային այնուհետեւ ի վերայ պահակին Հոնաց, զոր ունէին բռնութեամբ Պարսիկքն. առնուին քանդէին զպահակն, եւ կոտորէին զզաւրսն, որ ի ներքս բնակեալ էին, եւ զդուռնն տային ի ձեռն Վահանայ, որ էր յազգէ թագաւորացն Աղուանից: Եւ յայսր ամենայն քաջութեան վերայ ոչ ոք անկեալ վիրաւորեցաւ ամենեւին ի նոցանէ, բայց ի միոյ երանելւոյ, որ կատարեցաւ նահատակութեամբ ի մեծ պատերազմին:

Եւ անդէն ի նմին տեղւոջ զայրն՝ որում զդուռնն յանձն արարին՝ զնոյն դեսպան արձակեցին յաշխարհին Հոնաց, եւ ի բազում այլ ազգս բարբարոսաց, որ համագործք էին Հոնաց աշխարհին, բանս դնել ընդ նոսա եւ ուխտ հաստատել՝ անքակութեամբ ունել զմիաբանութիւնն: Իսկ նոքա իբրեւ

Then, [with] no small valor, they attacked the forts and cities that the Persians had in the land of the Aghuans, and fighting vigorously, set fire to their strongholds; and the flocks of magi who were prepared and dispatched to set snares in the land, wherever they were found in the strongholds, were devoured by the sword and fed to the birds of heaven and the brutes of the earth. They cleaned all those places from the impure offerings and redeemed and freed the churches from grievous trouble.

And many of the Aghuan nakharars and all the peasants, who for the sake of God's name had scattered and dispersed to the strongholds of the Caucasus mountains, when they saw the success that God had accomplished through the hands of the Armenian army, assembled and mingled with the troops, and in union and as equals partnered with them in the work of martyrdom. Thereafter, they went to the Fortress of the Huns, which the Persians held by force; they destroyed the guard, killed the troops who were living within, and gave over the fortress into the hands of Vahan, who was [descended] from the royal lineage of Aghuank. In all these brave exploits, none among them was wounded, except for one blessed man, who was martyred in the great battle.

From there they sent the man to whom they gave the fortress as ambassador to the land of the Huns, and many other barbarous nations who were in alliance with the Huns, to agree to establish a pact to enter an indissoluble union. And when they

զայնամենայն լուան, փութապէս վաղվաղակի հասանէին ի տեղին, եւ ականատեսք լինէին գործոյն յաղթութեան: Եւ ոչ ինչ յապաղեցին երդմամբ յուխտ մտանել ըստ կարգի իւրեանց աւրինաց, յանձն առին եւ զերդումն քրիստոնէից՝ պահել ընդ նոսա հաստատութեամբ զմիաբանութիւն:

Իսկ իբրեւ զայս կատարեցին եւ արարին իւրեանց մեծապէս հաստատութիւն, եւ դեռ անդէն ի տեղւոջն զետեղեալ էին խաղաղութեամբ, գուժկան հասանէր յաշխարհէն Հայոց, զճակատ հարեալ եւ զաւձիս պատառեալ վասն ապստամբին Վասակայ. «Յետս կացեալ յուխտէն քրիստոնէութեան եւ աւերեալ զբազում տեղիս Հայոց աշխարհին, մանաւանդ զձմերոցս արքունի, որ կայանք զաւրացն էին, զԳառնին եւ զԵրամաւնս եւ զԴրասխանակերտն՝ զմեծ դաստակերտն, զՎարդանաշատն եւ զամուրն Աւշական, զՓառախոտն, զՄարդեանսն, զՁողակերտն աւան եւ զբերդն Արմաւրի, զԿուաշն աւան, զԱրուճն, զԱշնակն եւ զամենայն ոտն Արագածու, եւ զնահանգն Արտաշատու եւ զԱրտաշատն ինքնին գլխովին, եւ զամենայն գեւղս եւ զաւանս, որ շուրջ զնովաւ էին, առեալ աւերեալ եւ հրձիգ արարեալ, եւ զամենեցուն ձեր զընտանիս փախուցեալ մերժեալ յիւրաքանչիւր բնակութենէ: Զեռն արկեալ եւ ի սուրբ եկեղեցիսն, տարեալ եւ զսուրբ սպաս եկեղեցւոյն սեղանոյ. զերի վարեալ զընտանիս քահանայից, եւ զնոսին կապեալ եւ եդեալ ի բանդի. եւ ինքն սփռեալ տարածեալ ասպատակաւ աւերէ զերկիրն ամենայն: Եւ գունդն, որ էր ի կողմանս Ատրպատականի,

[the Huns and barbarous nations] heard about all that had happened, they hastened swiftly to the spot, and with their own eyes beheld the victorious deed. They did not delay at all in pronouncing an oath according to the form of their customs, and took the oath of the Christians to firmly preserve their firm alliance.

And when they concluded this and effected their great confirmation [by oath], and while they were [still] there at that spot in peace, messengers with sad news arrived from the land of the Armenians, with torn clothing, on account of the apostate Vasak: "He has turned back from the Christian covenant and laid waste many places in the land of the Armenians, particularly the royal winter residences, which were stations for the soldiers, and Garni, Yeramon, the great estate of Draskhanakert, Vartanashat and the fortress of Oshakan, Parakhot, Sartean, the *avan* of Tsokhakert and the fortress of Armavir, the avan of Kuash, Aruch, Ashnak and all the foothills of Mount Aragats, the province of Artashat and Artashat itself, and all the villages and avans surrounding them he plundered and burned, and everyone in your families were forced to flee from their houses. He extended his hands upon the holy churches, took the holy altar vessels. He has carried off the families of captive priests, and bound and imprisoned them. And he has spread corruption and ruin throughout the entire land. The army that was in the region of Atrpatakan

ոչ ժամանեաց ձեռն տալ ի միջոց աշխարհին: Եւ զաւրքն, որ անդ մնացեալ էին, խոյս տուեալ յանաւրինէն մերժեցան յեզր աշխարհին, եւ դեռ պահեն ընդ ձեզ զուխտ միաբանութեան սիրոյն Քրիստոսի: Բայց այն որ ընդ նմայն էին՝ են ոմանք, որ փախեան յիւրաքանչիւր տեղիս, եւ բազումք այն են, որ զհետ մոլորեցան նորա ամբարշտութեանն»:

Չու արարեալ ի տեղւոջէ անտի՝ դառնալ անդրէն յաշխարհին Հայոց մեծաւ ստիպով եւ բազում աւարաւ եւ անչափ մեծութեամբ, եւ անտրտում ուրախութեամբ երգս ի բերան առեալ եւ աւէին ձայնիւ. Խոստովան եղերուք Տեառն, զի բարի է, զի յաւիտեան է ողորմութիւն նորա. ո՛ եհար զազգս մեծամեծս եւ սպան զիշխանս հզաւրս, զի բարի է, զի յաւիտեան է ողորմութիւն նորա: Եւ զայս սաղմոս երգելով մինչեւ ի վախճան կատարեալ աղաւթիւք փառատրութիւն սուրբ Երրորդութեանն մատուցանէին: Անդ յանձանձէր ածէր զաւրավարն զկաց եւ զմնաց զաւրականին առաջապահաւք եւ վերջապահաւք, կողմապահաւք ողջ եւ առողջ հասուցեալ յաւուրս երեսուն մերձ ի սահմանս հայրենի աշխարհին:

Ազդ եղեւ ուրացելոյն Վասակայ եւ իշխանացն որ ընդ նմա էին՝ քաջութիւն նահատակութեան զնդին Վարդանայ յաշխարհին Աղուանից, եւ միաբանութիւնն եւս Հոնաց: Մինչեւ յանդիման եղեալ էին միմեանց, զգիշեր մի աւգնական գտեալ նորա՝ փախստեայ անկանէր յամուրս իւրոյ աշխարհին. եւ այնպէս տագնապաւ մերժեցաւ, զզերի եւ զաւարն զոր առեալ էր յԱյրարատ գաւառէ, ակամայ զիւրն եւս ի վերայ եթող եւ փախեաւ:

was unable to assist [in] the interior of the country on time. And the soldiers who had remained there withdrew from the lawless one [Vasak] to the borders of the land, where they still kept their covenant with you in unity with the love of Christ. But those [troops] who were with him [Vasak] included some who fled to their own places, but many are those, who were led astray by his impiety."

[The Armenian army] departed from there and returned to the land of the Armenians in great haste and with much loot and immeasurable riches, and with unmitigated joy they sang: 'Praise the Lord for He is good, for His mercy endures forever; He struck down many nations and killed mighty rulers, for He is good, for His mercy endures forever."[22] And singing this psalm to its end, they prayed in exaltation to the Holy Trinity. The general gathered together the soldiers that followed and [posting] watchmen in the front, rear and flanks [of the army], they arrived in good health after thirty days near the borders of their native land.

News reached the apostate Vasak and the princes who were with him of the valiant martyrdom of Vartan's regiment in Aghuank, and of their union with the Huns. Before they were to encounter each other, he took advantage of nightfall and fled to the strongholds of his land [Syunik]; and leaving in haste, he even unwillingly left behind the captives and loot that he had taken from the province of Ayrarat.

---

22   Psalm 117:1; Psalm 117:10.

CHAPTER III

Եւ քանզի ժամանակ ձմերայնոյ հասեալ էր, եւ զոռ-ճիկս՝ թշնամեաց գնդին հարեալ էր, ոչ կարէր զմիով տեղեաւ համագունդ զաւրսն դարմանել. այլ սփռէր տարածանէր ընդ զաւառս զաւառս աշխարհին առ ի հանգիստ ձմերոցին: Պատուէր հրամանի տայր պատրաստական լինել կազմութեամբ առժամանակ գարնայնոյն: Եւ զսակաւս ի գնդէն յաւագ նախարարացն գործակից իւր թողեալ, բռնանայր ի վերայ՝ ունելով զթագաւորանիստ տեղիսն:

Եւ զունդս զունդս արձակէր յաշխարհին Սիւնեաց, առնոյր եւ աւերէր զբազում գաւառս. եւ այնպէս ի նեղ արկանէր զնա եւ զամենայն զաւրսն որ ընդ նմա էին, զի զէշս եւ զձիս մեռելոտիս առ սովոյն վտանգի անխտիր ուտէին: Եւ բազում հարուածս հասուցանէր ի վերայ ուրացելոյն. մինչեւ ժողով սուրբ եպիսկոպոսացն եւ ամենայն ուխտ քահանայութեանն դառնապէս արտասուս իջուցանէին ի վերայ չարաչար վշտացելոցն, որ բռնկ եւ հետի վարէին զարս եւ զկանայս փափկասունս, եւ բազում տղայք զքարի հարեալ ընկեցան յանցս ճանապարհաց:

Իբրեւ այս ամենայն աջողութիւն լինէր երկիւղածացն Աստուծոյ, ամենայն եպիսկոպոսունք եւ երիցունք պատուէր հրամանի տուեալ աշխարհին, զողջոյն ամիսն Քաղոց պահւք եւ աղաւթիւք առնել խնդրուածս առ Աստուած, եւ զտաւն պատերազմացն յաղթութեան խառնել ի սուրբ տաւն յայտնութեանն Քրիստոսի, զի անխափան կացցէ մեծ յիշատակարանս այս ընդ աստուածային անանց տաւնին:

And because winter had arrived, and the enemy troops had taken the rations, he [Vartan] could not support his whole army in one place; thus, he spread them across the several provinces of the land for their winter quarters. He commanded all things to be prepared for the spring. And taking a few among the legion of the senior nakharars as his associates, he strengthened himself by capturing and holding the royal estates.

Legion after legion [of his army] he [Vartan] sent to Syunik. He captured and laid waste to many provinces, and thus troubled him [Vasak] and all the forces who were with him so much that they started eating the flesh of dead donkeys and horses from the danger of famine. And he [Vartan] dealt many blows to the apostate, to the point that the assembly of holy bishops and all the clergy shed bitter tears upon their grievous sufferings, which caused men and delicate women to go barefoot and many children to be dashed in pieces along the way.

When all these successes occurred for the fearers of God, all the bishops and priests issued an order in the land, to pass the whole month of Kaghots [December] in petitioning God with fasting and prayer, and to celebrate the victory of the war on the holiday of the Epiphany of Christ, so that this great memorial- would be unimpeded by this divine and eternal festival.

CHAPTER III

Եւ զսոյն զայս ամենայն այցելութիւնս Աստուծոյ, որ ի վերայ աշխարհին Հայոց մեծապէս երեւեցաւ, գրեցին սուրբ եպիսկոպոսունքն եւ ետուն տանել յաշխարհն Յունաց ի մեծ քաղաքն առ սուրբ ուխտ եկեղեցւոյն. զի եւ նոքա աղաւթս առնելով խնդրեսցեն յԱստուծոյ, որպէս սկսաքս ի նմին եւ կատարեսցուք։

Եւ զոմս յառաջին կապելոցն Պարսկաց լուծեալ եւ ածեալ զառաջեաւ նախարարացն, խաւսէին ընդ նմա եւ ցուցանէին զամենայն վնասն որ եղեւ, կամ աշխարհացն աւերել, կամ զաւրացն արքունի հարկանել, եւ կամ որ այլ իրք առաջոյ լինելոց էին։ Եւ իբրեւ զայս ամենայն բովանդակ ցուցին նմա, միաբան լինէր ամբաստանութիւն երկոցունց կողմանցն՝ զառաքինեացն եւ զյետս կացելոցն. ո՛րպէս զուր եւ տարապարտուց նեղեաց զնոսա ի հայրենի աւրինացն յետս կալ, եւ զխաբէութիւն ապստամբին Վասակայ, որպէս Հայոց բանիւ խաբեաց զթագաւորն, յանձն առնուլ զմոգութիւն. իբրեւ չէր ուրուք ընդ նմա բանս եղեալ, նա յանձնէ սուտակասպաս լինէր։

Իբրեւ լիով զայս ամենայն իմացուցին, արձակեցին զնա հրեշտակութեամբ յաղերս ապաբանութեան եւ ի հնարս հայթայթանաց, թերեւս կարասցեն զեղբարս իւրեանց ի նեղութենէն զողանալ։

Այլ առ նա՝ անաւրէնն Վասակայ զուժկանքն յառաջագոյն հասեալ էին, պատմել զաղէտս տարակուսանացն, զոր անցուցեալ էր ընդ զաւրսն արքունի. Եւ ամենայն ամբաստանութիւնն ի սուրբ ուխտ եկեղեցւոյն կրթեալ էր։

And all these visitations of God that appeared greatly in the land of the Armenians were recorded by the holy bishops and sent to the land of the Greeks, to the holy clergy at the great city [Constantinople], so that by praying they might entreat God to help us accomplish the work as we had begun it.

Having released one of the foremost Persian prisoners and brought him before the nakharars, they spoke with him and indicated all the harms that had occurred: the destruction of their lands, the defeat of the royal army, and all that was yet to ensue. When they told him about all this, the concordance of the accusations of both sides, the virtuous [ones] and those who turned back; how vain and groundless was the endeavor to deprive them of their ancestral customs; and the deceit of the rebel Vasak, speaking [on behalf] of the Armenians and duping the [Persian] king that they would accept Magiansm; [for] while no one [among the Armenians] had agreed with him, he had become a sycophant of his own accord.

When they made all this abundantly clear, they sent him as a messenger [to the king] to make a plea and to find a means by which they would somehow be able to deliver their brothers from straits.

But the messengers of the lawless Vasak had already reached [the Persian king] with the sad news of the catastrophe which [Vartan] had brought upon the royal army, and laying all the blame upon the holy clergy of the church.

Քանզի այն իսկ կամք էին անաւրինին, եթէ զմիաբանութիւն եպիսկոպոսացն քակտեսցէ ի նախարարացն. եւ զայս ոչ էր տեղեկացեալ տակաւին, եթէ հոգի եւ մարմին բաժանիցին առ ժամանակ մի՝ զոյ տեսանել ի բնութեանս, այլ որ սիրով Աստուծոյ յուխտ մտեալ է՝ այսմ անհնար է լինել:

Արդ երթեալ այրն ի տեղի ձմերոցին, պատմեաց զայս ամենայն յականջս թագաւորին, շարժեալ դողացոյց, որ եւ յամենայն զաւրութենէն պակասեալ գտաւ. մանաւանդ զի յարեւելից պատերազմէն կորակոր եւ ոչ բարձրագլուխ էր դարձեալ: Իբրեւ ստուգեալ հաստատեաց ի վերջին հրեշտակէն, որ եհաս առնա, զամենայն վնասս զիւր գործոցն զխորհրդակցաւքն արկանէր: Եւ անդէն շիջանէր ի բազմաբոց բորբոքմանէն. քանզի խցաւ բերան չար խրատտուացն, որ անդադար յորդորէին զնա ի գործ դառնութեան: Խոնարհեցաւ ի բարձրհպարտութենէն, եւ զվայրենացեալ սիրտն դարձոյց ի մարդկային բնութիւն. հայեցաւ եւ ետես զինքն լի տկարութեամբ. գիտաց եթէ զամենայն զոր կամի առնել՝ ոչ կարէ կատարել. վասն այնորիկ եւ դադարեաց յանդուգն յարձակմանէն, եւ լռեցոյց զմոլեգնոտաբար զոչումնն:

Եւ որ մեծաձայն բարբառով որոտայր, եւ եւս ահագին հրամանաւքն զհեռաւորս եւ զմերձաւորս դողացուցանէր, սկսաւ քաղցր եւ աղերս բանիւք խաւսել ընդ ամենեսեան եւ ասել: «Զի՞նչ ինչ վնաս գործեալ է իմ, եւ զո՞ր յանցս յանցուցեալ կամ առ ազգս կամ առ լեզուս կամ առ անձն իւրաքանչիւր:

For it was the will of the lawless [Vasak] to dissolve the union of the bishops and the nakharars. But he was not yet aware that the soul and body can separate temporarily, as can be seen in nature, but for those [who] are in covenant with God's love, this is impossible.

So that man [the messenger] went to the winter quarters [of the Persian king], explained all this in his ear, [made him] shake and tremble. And all his strength diminished, especially because he had returned from the war in the East ashamed and humiliated. When the king confirmed [the news] from this last messenger who had come to him, he blamed his advisors for all the harms [that had arisen] from his undertakings. Then he extinguished his ardent rage, for the mouths of his evil advisers, who had unceasingly provoked his bitter works, had been stopped. His haughtiness was humbled, and his brutish heart returned to its human nature; he looked [upon himself] and saw himself as full of weakness; he realized that he could not accomplish all that he had wished. Thus, he discontinued his headstrong attack, [and] subsided and silenced his furious roars.

And he, who had thundered with his loud voice, and by his more fearful commands had shaken those far and near, began to address everyone with sweet and pleading words: "What harm have I done? What transgressions have I committed against any nation, or people, or [individual] person?

Ո՞չ ահա բազում ուսմունք են յաշխարհիս Արեւաց, եւ իւրաքանչիւր պաշտամունք յայտնի են. ո՞ երբէք նեղեաց պնդեաց դարձուցանել ի մի աւրէնս մոգութեան. մանաւանդ վասն աւրինաց քրիստոնէութեանն, որպէս հաստատուն եւ ճշմարիտ կացեալ են յիւրեանց դենին, նոյնպէս եւ առ մեզ լաւագոյն քան զամենայն կեշտսն նոքա երեւեալ են: Եւ բիծ իսկ ոչ կարէ ոք դնել ընտրեալ աւրինաց նոցա. այլ զոյգ եւ հաւասար համարիմ դենիս մազդեզանց, որպէս եւ յարգեալ իսկ էին նոքա առ նախնեաւքն մերովք, զոր ես ինձէն իսկ յիշեմ առ հարբն իմով, որ նստէր ի մեծ գահոյս յայսմ: Յորժամ սկսաւ անդաձել եւ քննել զամենայն ուսմունս եւ հաստատութեամբ ի վերայ եհաս, առաւել վեհ գտանէր զաւրէնս քրիստոնէից քան զամենեցուն. վասն այսորիկ մեծարեալք շրջէին ի Դրան արքունի, եւ առատաձեռն պարգեւաւք երահիկք լինէին ի նմանէ, եւ համարձակութեամբ շրջէին ընդ ամենայն երկիր: Նա եւ որ գլխաւորքն էին քրիստոնէից, զոր եւ եպիսկոպոս անուանեն, ընծայից եւ պատարագաց արժանիս առնէր զնոսա: Եւ իբրեւ հաւատարիմ ոստիկանս յանձն առնէր նոցա զհեռաւոր մարզսն, եւ ոչ երբէք սխալ լինէր ի մեծամեծ իրացն արքունի:

«Եւ դուք զմի զայն երբէք ոչ յիշեցէք, այլ հանապազաւր ձանձրացուցէք զլսելիս իմ, խաւսելով զնոցանէ զամենայն չարութիւն: Տեսէք՝ զի ետուք գործել ինձ զոր ինչ ոչ կամէի, եւ եղեն փասաք մեծամեծք ի սահմանսն ի մէջ երկուց անհաշտ թշնամեաց: Եւ մեք դեռ ի հեռաւոր ճանապարհի, եւ ոչ մի ինչ գործ պատերազմիս ի գլուխ երթեալ, եւ դուք աստէն յիմուս տանս յարուցէք ի վերայ իմ պատերազմ, որոյ չարագոյն եւս լինելոց է կատարածն իւր քան զարտաքին թշնամեացն»:

Are there not many [different] doctrines in the Empire of the Aryans, and their services [observed] openly? Who has forced or pressed them to convert to the one religion of Magianism? Especially concerning the Christian religion, as firmly and truthfully as they have stood by their creed, likewise have they have appeared to us as better than all other sects. No one can put a blemish on their religion. But I hold it to be equal with the religion of Mazdaism, as respected even by our ancestors, which I myself remember from my own father [Bahram V], who sat on this great throne. When he began to examine all doctrines and was firmly apprised, he found the Christian religion [to be] better than all others. Therefore, they were honored at the royal court, and were exalted by him [the king] with rich and honorable gifts, and fearlessly went about all the land. The leaders among the Christians, whom they called bishops, were dignified with offerings and gifts. And as his faithful officers he gave them possession of his distant border provinces, and never was there a fault in [their management of] the great affairs of the empire.

"You never recalled even one of these facts, but have incessantly wearied my ears, by speaking of all their evils. Behold, for you have made me do what I desired not [to do], and there occurred great harm at the borders between two irreconcilable enemies. And [while] we were still on a journey, and no war can be brought to an end, you have raised war upon me here in my own house, which will end worse than [a war] with foreign enemies."

CHAPTER III

Զայս ամենայն եւ առաւել քան զոյն խաւսէր ընդ ամենայն աւագանին, եւ զփասս յանցանացն արկանէր զմոգպետաւն եւ զմոգաւքն: Եւ ամենայն վզուրկքն եւ պատուական նախարարքն, որ նստէին յատենին եւ ունկն դնէին յեղյեղուկ լեզուի նորա, ամաչեցեալ կորանային եւ ընդ երկիր պշնուին, եւ զգլուխի վեր ոչ կարէին համբառնալ:

Բայց սակաւք ի նոցանէ զմիտս հաճելով՝ ասէին զայս. «Այո, արքայ քաջ, այդ այդպէս է որպէս ասացերդ, եւ արդ կարես զամենայն ուղղութեամբ նուաճել. չիք ինչ այն որ ըստ քո կամսդ արտաքս կարէ ելանել. զի տուեալ է քեզ աստուածոցն, զի զամենայն զոր եւ կամիս՝ կարես առնել: Մի՛ նեղեալ տագնապիր յանձն քո եւ հարկաներ զմիտս մեր ամենեցուն. թերեւս եւ դիւր իցեն հնարք իրացն կատարածի: Երկայնամիտ լեր, եւ համբերութեամբ թողացո մարդկանդ անդրէն զքրիստոնէութիւն, եւ դոքաւք զստամբակսն ածցես ի հաւանութիւն»:

Հաճոյ թուեցաւ բանն առաջի թագաւորին. եւ անդէն վաղվաղակի կոչէր զառաջեաւ յամենայն ազգացն որ ունէին զքրիստոնէութիւնն, որ ի զաւրու նորա էին, եւ բռնաբար արգելեալ էր զնոսա, զի մի՛ ոք իշխան լիցի յանդիման պաշտել զԱստուած: Քանզի որ ընդդէմ կացին, չարչարեաց եւ արգել ի նոցանէ զյայտնի պաշտաւնն, եւ ոմանց ոմանց ակամայ երկիր ետ պագանել արեգական, եւ նստոյց ի սուգ տրտմութեան զամենայն զաւրականսն:

This, and yet more than this, he said to all the grandees, and he laid the fault upon the mogbeds and magi. And all the great and honorable nobles who were sitting in the council and heeding his deceitful words were brought to shame, cast their gaze to the ground, and could not lift up their heads.

But a few of them, persuaded in their minds, said this: "Yes, valiant king, it is as you have said, and now you can straightaway subdue all. There is nothing beyond [the reach] of your will, for the gods have granted that anything you resolve [to do], you can do. Do not be troubled, nor grieve yourself, nor smite the minds of us all. Perhaps there are simple means [by which] to accomplish things. Have patience, and patiently allow these men to Christianity, whereby you will bring the austere ones to your allegiance."

The speech pleased the king, and right away he summoned before him all the people in his army who were Christians, and forcibly forbade them from freely worshipping God before him. For whoever had opposed him, he had punished and prohibited from open worship; and some had been forced to worship the sun, and he had inflicted much desolation among all the soldiers.

Իսկ այն աւր հրամայէր անդրէն համարձակութեամբ ըստ առաջին կարգին հաստատուն կալ յաւրէնս քրիստոնէութեանն: Իսկ որք յանցաւորքն էին, ոչ կամէին վաղվաղակի առանց մեծի ապաշխարութեան գալ եւ խառնել ի կարգ քրիստոնէութեան, հրամայէր թագաւորն՝ զի բռնի կալցին եւ տարցեն յեկեղեցին իւրեանց: Եւ երիցանցն համարձակէր, որպէս զիարդ եւ գիտիցեն՝ ըստ կարգին իւրեանց արասցեն: Եւ զհատեալ ռոճիկսն կարգէր անդրէն իւրաքանչիւր, եւ զարգելեալ բազմականսն ի նոցանէ՝ ի տեղի հրամայէր մատուցանել, եւ հանապազորդ յարքունիս մտանել ոչ արգելոյր զնոսա. եւ զամենայն որ զիարդ եւ կարգեալ էին յառաջագոյն՝ անդրէն յաւրինէր: Խոնարհէր եւ խաւսէր ընդ նոսա սիրով ըստ առաջին սովորութեանն:

Եւ իբրեւ զայս ամենայն արար եւ կարգեաց, յանդիման նոցա թողութեան հրովարտակս առաքէր ընդ ամենայն երկիր իշխանութեան տէրութեան իւրոյ վասն քրիստոնէից: «Եթէ ի կապանս ոք կայցէ, արքունի հրամանաւ արձակեալ լիցի. եւ եթէ ինչք ուրուք յափշտակեալ իցեն, դարձցին անդրէն: Սոյնպէս եւ երկիրք եթէ հայրենիք, եթէ պարգեւականք եւ եթէ քսակագինք, եւ հանեալ ուրուք իցէ, հրամայեցաք զի դարձցին»:

Եւ իբրեւ այսմ ամենայնի զնոսա տեղեակս առնէր, խնդրէր ի նոցանէ վկայութիւն հաւատարմութեան յերկիրն Հայոց, եւ երդմամբ յուխտ մտանէր առաջի նոցա՝ հաստատութեամբ ամենայն մեծամեծաց իւրոց, եթէ «Ոչ ինչ յիշեցից ամենեւին զքէն վրիժուցն խնդրելոյ: Որպէս ունէիք յառաջ ճշմարտութեամբ զաւրէնս ձեր, այսուհետեւ առաւել կալարուք. բայց միայն ի ծառայութենէ մերմէ մի՛ ելանէք»:

But that day he commanded them to freely, according to previous usage, to stand firm in their Christian religion. But those who were transgressors did not resolve immediately and without great repentance, to come and mingle in the Christian ranks; the king commanded that they be seized and taken to their churches. And he allowed the priests to do as they saw fit according to their rites. And the stipends [that had been] cut off he reinstated to each person, and [his] table-companions among them who had been forbidden [from returning], he commanded to be invited again, and did not prohibit from entering the royal court daily, and restored all things on their former basis. He humbled himself and spoke to them courteously according to his former custom.

And when he had done and arranged all this, he sent edicts of amnesty regarding the Christians to all the lands of his dominion. "Should anyone be in bonds, he should be set free by the royal decree; and should anyone's possessions be taken by force, they should be restored to him. Likewise with lands, whether [of] ancestral [inheritance], or gifted or bought with money—taken by anyone—we have commanded that it be restored."

And when he had apprised them of all this, he sought from them a testimony of his faithfulness to Armenia, and pronounced an oath before them in firmness with all their grandees, that: "I shall not at all demand revenge against you. As you formerly followed your religion truthfully, from now on hold to it more; only do not withdraw from our service."

CHAPTER III

Զայս ամենայն գրէր եւ ցուցանէր յերկիրն Հայոց եւ ի բազում յայլ աշխարհս, որ ունէին զաւրէնս քրիստոնէութեան. եւ ինքն գաղտ խորամանկեալ փութացեալ դեսպանս առաքէր առ Մարկիանոս կայսր: Եւ իբրեւ ստուգեալ ճշմարտեաց, եթէ Հոռոմք ի բաց կացին ձեռնտու լինել քրիստոնէութեանն ոչ զաւրու աւգնականութեամբ եւ ոչ այլ իբաւք, դարձեալ անդրէն ի նոյն յառաջին կարծիս մոլորութեանն շրջեցաւ: Զի զյաջողութիւն իրացն ի ձեռն իւրոց պաշտաւնէիցն հրամայէր. եւ այնպէս ածէր զմտաւ, եթէ ըստ առաջին կարծեացն կատարեսցեն զամենայն:

Իսկ Հայք թէպէտ եւ ընկալան զգիրն խաբեբայ ողոքանաց թագաւորին, որ ի վերոյ ունէր զաւետիս կենաց եւ ի ներքոյ զդառնութիւն մահու, զարմացեալ ընդ թերի խորհուրդսն՝ ասէին ցմիմեանս. «Քանի՜ լիրբ է խորամանկ խաբէութիւն նորա, զի երկիցս եւ երիցս զփորձ առեալ կշտամբեցաւ եւ ոչ ամաչէ: Եւ տեղեակ եղեալ մերոյ անքակ միաբանութեանս, տակաւին լրբի եւ լկնի. զհետ մտեալ՝ կամի զմեզ լքուցանել:

«Իսկ հաւատացո՞ւք անհաստատ հրամանի նորա. զո՞ր բարեգործութիւն տեսաք առ ամենայն եկեղեցիս, որ են յաշխարհին Պարսից: Զի որ ինքն իւր չար է, այլում բարի ոչ կարէ լինել. եւ որ ինքն ընդ խաւար գնայ, այլում ոչ առաջնորդէ ճշմարտութեան լուսով: Որպէս զի չիք յանիրաւութենէ արդարութիւն, այսպէս եւ ոչ ի ստութենէ ճշմարտութիւն, սոյնպէս եւ ի խռովասէր մտաց՝ ակնկալութիւն խաղաղութեան:

All this he wrote and indicated to the land of Armenia, and in many other lands that held to the Christian religion; and with secret deceit he swiftly sent envoys to the emperor Marcian. But when he confirmed that the Romans had withdrawn their help from the Christians, with troops and by other means, he returned to his former erroneous views. He attributed the success of things to his ministers, and thus had the idea that they could accomplish everything according to his former ideas.

When the Armenians received the deceitful and flattering letter of the king, which on its surface had the promise of life and beneath had the bitterness of death, they were surprised by its defective counsel, and said one to the other: "How shameless is his crafty deceit, for two and three times he tried and was reproved, and is not ashamed [to try again]. And being aware of our indissoluble union, yet he is brazen and impudent—pursuing us, he wants to weaken us.

"Should we believe his fickle command? What benevolence have we seen toward all the churches in the empire of the Persians? He who is himself evil can do no goodness to others; and he who walks in the darkness cannot lead others by the light of truth. As justice cannot come from injustice, nor falsehood from truth, so neither from a turbulent mind is there hope of peace.

«Այլ մեք ապրեալքս զաւրութեամբն Աստուծոյ, եւ հաստատեալք հաւատովքն ի յոյսն Քրիստոսի, որ եկն եւ էառ ի սուրբ կուսէն զմարմին մերոյ բնութեանս, եւ միացեալ անբաժանելի աստուածութեամբն՝ ընկալաւ զչարչարանս մերոյ մեղաց ի յիւր մարմինն, եւ նովին խաչեցաւ եւ թաղեցաւ եւ յարուցեալ երեւեցաւ բազմաց, եւ վերացաւ յանդիման աշակերտացն առ Հայր իւր, եւ նստաւ ընդ աջմէ զաւրութեանն, զոյն հաւատամք Աստուած ճշմարիտ, եւ նմին ակն ունիմք, որ փառաւք Հաւր եւ զաւրութեամբ գայ յարուցանել զամենայն ննջեցեալս, եւ նորոգել զհնութիւն արարածոց, առնել համառաւտս յաւիտենից ի մէջ արդարոց եւ մեղաւորաց:

«Ոչ պատրիմք իբրեւ զտղայս, եւ ոչ մոլորիմք իբրեւ զանտեղեակս, եւ ոչ խաբիմք իբրեւ զտգէտս, այլ պատրաստ եմք ամենայն փորձութեանց: Եւ աղաչեմք զԱստուած, եւ անդադար խնդրեմք ի բազում ողորմութենէ նորա, զի յորում սկսաք՝ ի նմին եւ կատարեսցուք քաջութեամբ, եւ ոչ վատութեամբ: Զի արդ արեւելք եւ արեւմուտք գիտացին զձեր աստուածամարտդ լինել, եւ զմեզի զուր սպանանել ի վերայ ամենայն վաստակոցն մերոց: Վկայեն մեզ երկինք երկնաւորաւք եւ երկիր երկրաւորաւք, եթէ չեմք ինչ մեղուցեալ ի միտս մեր անգամ. եւ ի վերայ պարգեւաց եւ բարիս առնելոյ մեզ՝ զճշմարիտ կեանս կամիք հանել ի մէնջ, որում չիք հնար, եւ այլ մի՛ լիցի:

«Իսկ արդ հաւատացո՞ւք անարժան բերանոյ նորա, որ ստիպէր չարաչար յուրացութիւն, եւ այսաւր առանց մի ինչ բարիս գործելոյ լինիցի՞ նա քարոզիչ աւետեաց: Եւ որ հայհոյէրն զՔրիստոս, եւ ուրացուցանէր ի նմանէ զհաւատացեալս, այսաւր ակամայ խոստովանութեանն ոչ կարեմք վաղվաղակի յանձն առնուլ: Եւ որ երդնոյրն ի սնոտի

"But we who are delivered by the power of God, and with firm belief in the hope of Christ, who became embodied in our nature through the Holy Virgin and united with his indivisible godhead, bore the torment of our sins upon his body, and with the same [body] was crucified and buried, and having arisen appeared to many, and ascended before his apostles to his Father, and sat at the right hand of the power, and we believe him to be the same as the true God, and we wait for him to come with the glory and power of the Father to raise all who are dead, and to renew his old creatures, and to make an eternal judgment upon the just and unjust.

"We will not stumble like children, nor err like the unlearned, nor be deceived like the ignorant, but are ready for all temptations. And we pray to God, and unceasingly seek his abundant mercy, that whatever we have started, we may also complete with courage and not cowardice. For the East and West have understood that you fight against God, and have killed us in vain despite all our service. Heaven and the heavenly [creatures] and earth and the earthly [creatures] are our witnesses, that not even in our minds are we at fault; and instead of [granting] rewards and doing good to us, you resolve to take true life from us, which is not possible and shall not be.

"And now are we to believe his unworthy mouth that forces grievous apostacy? And today, without effecting any good, will he preach good promises? And he who blasphemes Christ and apostatizes his believers, today we cannot immediately believe his unwilling avowal. And he who swore in his vain

պաշտամունս իւրոյ մոլորութեանն՝ անցուցանել զամենայն չարչարանս ընդ պաշտաւնեայս եկեղեցւոյ, արդ եկեալ գոդանալով գոհութիւն մատուցանէ, եւ այնու կամի զամենայն չարութիւն իւր ի մեզ հեղուլ: Ոչ այդմ հաւատամք, եւ ոչ զսուտ հրամանդ յանձն առնումք»:

Իսկ նա իբրեւ գիտաց, եթէ ոչ կարեմ քակել զհաստատութիւն միաբանելոցն, յայնժամ քակեաց յինքենէ զծերն լի դառնութեամբ, յորում հանգուցեալ էր սատանայ զաւրութեամբ իւրով, եւ բազում գործեալ էր նորա նախճիրս. որոյ կերակուր կամաց իւրոց էր ի մանկութենէ անարատ մարմին սրբոց, եւ ըմպելի անյագութեան նորին՝ արիւն անմեղացն: Յաւելոյր եւս ի վերայ չարութեան նորա եւ զիւր մահաբեր հրամանն. զունդս զունդս յամենայն աշխարհացն գումարէր ընդ նմա, եւ բազում երամակս փղաց յղէր ընդ նմա:

Հասեալ մերձ ի սահմանս Հայոց՝ մտանէր ի քաղաքն Փայտակարան, եւ զզաւրսն ամենայն սփռէր տարածանէր շուրջ զքաղաքաւն առ ի զգուշութիւն պատրաստութեան իւրոյ չարահնար խորհրդոցն: Եւ յամուր որջն մտեալ հին վիշապն չարաթոյն, եւ բազում կեղծաւորութեամբ զինքն թաքուցանելով յաներկիւղութիւն, հեռաւորացն ահագին ձայնիւ սաստէր. եւ ի մերձաւորսն իբրեւ զաւձ սողալով փչէր: Սա էր իշխան եւ հրամանատար ամենայն տէրութեանն Պարսից, որում անուն էր Միհրներսեհ, եւ չէր ոք ամենեւին, որ իշխէր ըստ ձեռն նորա ելանել: Եւ ոչ միայն մեծամեծք եւ փոքունք, այլ եւ ինքն թագաւորն հրամանի նորա անսայր. որոյ եւ ձախող իրացն իսկ բուռն հարեալ էր նորա:

and aberrant cult and brought to pass all torments upon the ministers of the church, has now come to offer duplicitous thanks, with which he resolves to pour all his evil onto us. We neither believe him, nor accept his false command."

And when he [the king] understood that he could not disband the firmness of their union, he released from himself the old man [Mihr Narseh] full of bitterness, whom Satan had lodged with his power, and who had effected much carnage; whose preferred food from childhood was the immaculate flesh of the saints, and his insatiable drink was the blood of the innocents. He added upon this evil his own deadly command: He gathered legion upon legion [of the Persian army] from all the land, and sent many contingents of elephants with them.

He came upon the borders of Armenia and entered the city of Paytakaran, and distributed his army around the city, in careful preparation [to effect] his wicked design. And the old poisonous dragon entered his secure lair, hiding himself with great hypocrisy so as not to be feared, and rebuked those who were distant with his formidable voice, and those who were near by slithering and hissing like a snake. This was the prince and commander of the whole empire of the Persians, whose name was Mihr Narseh, and there was no one at all who could escape from his reach. And not only the great and the small, but also the king himself obeyed his command, whom he caught with his sinister devices.

ՎԱՍՆ ԵՐԿՊԱՌԱԿՈՒԹԵԱՆ ԻՇԽԱՆԻՆ ՄԻՒՆԵԱՑ ԵՒ ԸՆԿԵՐԱՑ ԻՒՐՈՑ

Մինչեւ զայս վայր ոչ ինչ կարի զանգիտէի պատմել զհարուածս ազգիս մերոյ, որ յարտաքին թշնամեացն ճշմարտութեան չարաչար յարեան ի վերայ մեր. որք սակաւագոյնք հարին զմեզ, եւ յոլովագոյնք հարեալ գտան ի մէնջ, քանզի դեռեւս միաբանք եւ հաւասարք էաք։ Թէպէտ եւ ոմանք ի ծածուկ ունէին զերկմտութիւն նենգութեանն, սակայն յայտ արտաքնոցն ահաւոր երեւէր միաբանութիւնն. որպէս յերկուս եւ յերիս տեղիս ոչ կարացին կալ առաջի։

Արդ յայսմ հետէ եւ անդր, ուր սպրդեալ անկանի երկպառակութիւն ի ներքս, ընդ քակել միաբանութեանն՝ եւ երկնաւոր առաքինութիւնն հեռանայ. եւ անձնընտիրք լինելով՝ յոյժ բազմանայ լալումն ողբոյս։ Քանզի հատեալ անկեալ անդամքն, որ յառաջագոյն սորուն սուրբ մարմնոյս էին, դառնայ մարդ յարտաասուս առաջի մերձակայ դիականն. եւս առաւել լնու դառնութեամբ ի վերայ այնորիկ, որ յոգի եւ ի մարմին առ հասարակ դիականանայ։ Եւ եթէ ի վերայ միոյ անձին այսպէս, ո՞րչափ եւս առաւել ի վերայ ողջոյն ազգի միոջ։

Այլ յայսմ տեղւոջ ոչ միայն ի վերայ միոյ ազգի է ողբումնս մեր, այլ ի վերայ ազգաց եւ աշխարհաց. զոր եւ յառաջ մատուցեալ ասացից ըստ կարգի, թէպէտ եւ ոչ խնդութեան մտաւք։ Ահա ակամայ ճառագրեմ զբազումս որպէս կորեան ոմանք ի ճշմարիտ կենացն իւրեանց, եւ պատճառք եղեն բազմաց կորստեանն, ոմանց՝ երեւելեացս միայն, եւ այլոց երեւելեաց եւ աներեւութից։ Եւ այն՝ եւս չար է քան զամենայն.

ON THE DISSENSION OF THE PRINCE
OF SYUNIK AND HIS COMPANIONS

Until now, I did not fear explaining the blows that the foreign enemies of the truth maliciously inflicted upon our people, a few of whom struck us and found many struck by us, for we were still united and equals. Although some of them were covertly and deceptively of two minds, suddenly in the eyes of the foreigners [our] union appeared fearsome, such that [there were] not two or three places [where they could get a footing] to stand before us.

Henceforth, wherever dissension creeps in, it will destroy [our] union and cause heavenly virtue to go away; and being selfish, the cries of lamentation will greatly increase. For when those members are cut loose who previously belonged to the holy body, their fellow men turn to tears before their nearby corpses, and become filled with even more bitterness upon those who in soul and body becomes corpses. And if it is so for individuals, how much more for the life of an entire nation!

But here our lamentation does not only resound for one nation, but for [many] nations and countries, which I will tell of in order, albeit without joy of mind. Unwillingly do I describe [these] many [cases]: how some of them lost their own true lives, and became the cause for the loss of lives of many others; [for] some only visible, and others [both] visible and invisible. And the worst of all is that

դուռն՝ զոր բացին կորստեան, Աստուծո՛յ միայն կարողութիւն է փակել զնա. այլ ըստ մարդկան սահման՝ ահա անցեալ է հնար:

Այս անաւրէն Միհրներսեհ, քանզի յառաջագոյն ստուգեալ գիտէր զամբարշտութիւնն Վասակայ, եւ յայնմ ժամանակի եւս յղէր եւ կոչէր զնա առինքն: Որպէս նորա իսկ յառաջագոյն զատեալ եւ որոշեալ էր ի միաբանութենէն Հայոց, եկն եւ յանդիման եղեւ. եւ ստուգէր զիւր հաւատարմութիւնն եւ զՀայոց անհրաւ ապստամբութիւնն: Յաւել եւ պատմեաց եւս առաւելաբանութեամբ զոր ինչ ոչ էր գործեալ Հայոց, եւ կամէր ընտանեբար ընդ միտ մտանել անաւրինին:

Բայց նա թէպէտ եւ ի ներքոյ յոյժ դսրովէր զնա, այլ արտաքին դիմաւք մեծարեաց, եւ եդ առաջի նորա զմեծամեծ պարգեւս երկրաւորս: Եւ խոստացաւ նմա իշխանութիւն աւելի քան զոր ունէրն, եւ հայեցոյց զնա ի կարծիս սնոտիս, որ ի վեր էր քան զիւր տէրութիւնն. իբր թէ անկ իցէ նմա հասանել մինչ ի թագաւորական վիճակն. բայց միայն հնարս իրացն խնդրեսցէ, թէ որպէս քակտեսցի միաբանութիւն ուխտին Հայոց, եւ թագաւորին կամքն կատարեսցին յաշխարհին:

Եւ իբրեւ յանձն էառ զամենայն ինչ՝ երթալ զկնի կամաց նորա, զիտաց եւ ծերն դառնացեալ, եթէ թմբրեալ եւ ցնորեալ եւ քակեալ է ի հաստատութենէ միաբանելոցն. յոյժ մխիթարեցաւ ի միտս իւր տրտմեալս, եւ էած զմտաւ՝ թէ եւ զամենեսեան այսպէս կարիցեմ որսալ յանգիտ կորուստն: Եւ իւրոյ հնարագիտութեանն տայր զիմաստութիւնն. եւ այնմ ոչ էր տեղեակ, թէ նա իւրով ի զիւր անձն զատեալ եւ որոշեալ է ի սուրբ եկեղեցւոյն, հեռացեալ եւ աւտարացեալ ի սիրոյն Քրիստոսի:

they opened the gate to destruction, and only God has the ability to close it—[to do so] is beyond the limits of possibility for man.

This lawless Mihr Narseh, already knowing the impiety of Vasak, now sent and called for him. As he had previously separated himself from the Armenian union, he presented himself [to Mihr Narseh]. He confirmed his fidelity and the disloyal insurrection of the Armenians. He exaggerated and overstated what the Armenians had done and resolved amicably to enter the mind of the lawless one [Mihr Narseh].

But although he [Mihr Narseh] inwardly reviled [Vasak], he outwardly honored him and conferred great worldly gifts upon him. And he promised him greater authority than what he possessed, and turned his attention to vainly to look [forward] to something even above his own power, as though he might become king—if only he could find the means of dissolving the union of the Armenian covenant, and effect the will of the king in that land.

And when [Vasak] accepted to do everything according to [Mihr Narseh's] will, the bitter old man knew that he [Vasak] was wearied and vexed and had detached from the firm union [of the Armenians]. He was very much consoled in his sorrowful mind, believing that he might succeed in luring them into boundless destruction. And he attributed his machinations to his own wisdom, not being aware that he himself [had] separated from the holy church and estranged himself from the love of Christ.

CHAPTER IV

Քանզի մոռացաւնք եղեն նմա գալուստ Որդւոյն Աստուծոյ, եւ ոչ յիշեաց զքարոզութիւն սուրբ աւետարանին. եւ ոչ ի սպառնալեացն զանգիտեաց, եւ ոչ յաւետիսն մխիթարեցաւ: Ուրացաւ զաւազանն՝ որ յղացաւ զնա, եւ ոչ յիշեաց զընկալուչ սուրբ հոգին՝ որ ծնաւ զնա: Անարգեաց զմարմինն պատուական՝ արով սրբեցաւն, եւ առ ոտն եհար զարիւնն կենդանի՝ որով եւ քաւեցաւն ի մեղաց: Ջնջեաց զգիր որդէգրութեանն, եւ իւրովք ձեռաւք խորտակեաց զհաստատուն կնիք մատանւոյն: Ել ի թուոյ երանելեացն, եւ ապստամբեցոյց ընդ իւր զբազումս:

Ձեռն էարկ կամակորութեամբ եւ եմուտ յորդէգրութիւն դիւապաշտութեանն, եւ եղեւ աման չարին, եւ ելից զնա սատանայ ամենայն խորամանկութեամբ: Ի ձեռն էառ իբրեւ զվահան, եւ ագաւ զնա իբրեւ զզրահս, եւ եղեւ իբր զինուոր կատարեալ կամաց նորա: Մարտեաւ հնարիւք ընդ իմաստունս, եւ յոյժ խորագիտութեամբ ընդ գիտունս, յայտնի ընդ անմեղս, եւ ի ծածուկ ընդ խորհրդականս. ձեռն էարկ եւ եհան զբազումս ի գնդէն Քրիստոսի, եւ խառնեաց ի գունդս դիւաց: Եւ ի բազում յայլ տեղիս գողաբար սողեցաւ եւ եմուտ իբրեւ զաւձ ի մէջ ամրացելոցն. եւ խրամ հատեալ յափշտակեաց եւ էառ եւ եհան յայտնութեամբ զբազումս յազատաց եւ զբազմազոյնս ի շինականաց, եւ զայլ ոմանս յանուանեալ քահանայից:

For he had forgotten about the coming of the Son of God and no longer recalled the preaching of the Holy Gospel, and he did not fear threats nor find comfort in promises. He denied the [baptismal] font that conceived him and did not recall reception of [the] Holy Spirit which had begotten him. He brought into contempt the honorable body, with which he was made holy, and trod upon the living blood, by which he received penance for his sin. He blotted out the letter [contract] of adoption and with his own hand broke the firm seal [affixed] on the ring. He then left the number of the blessed and drew many people after him.

He crookedly undertook to adopt devil-worship and became a vessel of evil, whom the devil filled with every cunning. He took him as a shield and wore him as armor, and became like a soldier fulfilling his [the devil's] will. He fought resourcefully against the wise and prudently against the knowledgeable; openly against the innocent and secretly against the discreet; he drove many from the army of Christ, and mingled them with the army of the demons. And into many other places he slithered thief-like and entered the strongholds; and breaking in, he seized and openly removed many of the azats and peasants, and others who were called priests.

Որոց անունքն են այս՝ գործակցաց նորա.

Իշխանն Ռշտունեաց ՝ Արտակ անուն:

Իշխանն Խորխոռունեաց՝ Գադիշոյ անուն:

Իշխանն Վահեւունեաց ՝ Գիւտ անուն:

Իշխանն Բագրատունեաց՝ Տիրոց անուն:

Իշխանն Ապահունեաց՝ Մանէճ անուն:

Իշխանն Գաբեղէնից ՝ Արտէն անուն:

Իշխանն Ակէոյ ՝ Ընջուղ անուն:

Իշխանն Ուրծայ ՝ Ներսեհ անուն:

Իշխանն մեւս եւս Պալունեաց՝ Վարազշապուհ անուն:

Սեպուհ մի Ամատունեաց Մանէն անուն:

Բազում եւ այլ ազատ մարդիկ, զոր ոստանիկսն անուանեն՝ յարքունի տանէ:

Եւ բովանդակ զիւր բոլոր աշխարհին ապստամբեցոյց յուրացութիւն, ոչ միայն ըստ աշխարհական բազմութեանն, այլ եւ զբազումս ի սուրբ ուխտէ եկեղեցւոյն. մանաւանդ սուտ երիցամբքն ՝ որով գործէր զչարիսն. երէց մի Ջանգակ անուն, երէց մի Պետրոս անուն, սարկաւագ մի Սահակ անուն, սարկաւագ մի Մուշի անուն, զորս յղէր առ անմեղ մարդիկ, խաբէր եւ պատրէր. սուրբ աւետարանաւն երդնուին եւ ասէին, եթէ «Ի թագաւորէն շնորհեսցի ամենեցունց քրիստոնէութիւնդ»: Եւ այսպէս խորամանկ խաբէութեամբ հանէին զբազումս ի սուրբ միաբանութենէն, ածէին եւ խառնէին ի գունդս ուրացողացն:

These are the names of his associates:

The prince of the Rĕshdunik, Artak.

The prince of the Khorkhorrunik, Gadishoy.

The prince of the Vahevunik, Giwt.

The prince of the Bagratunik, Tirots'.

The prince of the Apahunik, Manēj.

The prince of the Gabeghenik, Arten.

The prince of the Akeoy, Ĕnjugh.

The prince of the Urtsay, Nerseh,

Another prince of the Balunik, Varazshapuh.

A *sepuh* of the Amatunians, Manēn.

And many others azats, whom they call *ostanik*, [which means] from the royal house.

He drew the entire land into apostasy—not only the masses, but also the holy clergy of the church, and especially the false priests through whom he worked malice: a priest called Zangak, a priest called Petros, a deacon called Sahak [and] a deacon called Mushi, whom he sent to innocent men to deceive. They swore on the Holy Gospel, and said: "[The right to practice] Christianity shall be granted to all by the king." And thus, by this artifice they detached many from the holy union, bringing and mingling them among the bands of the apostates."

CHAPTER IV

Եւ ժողովեաց զամենայն գայթակղութիւն, եւ արար գունդ զաւրաց բազմաց. գրեաց եւ եցոյց զբազումս ի նոցանէ յականէ յանուանէ մեծ հազարապետին, եւ զիւր քաջութիւն արութեանն, մեծապէս պարծելով՝ ո՛րպէս աշակերտեաց ի մոլորութիւն խաբէութեան, եւ բաժանեալս եւ երկցեղս երեւեցոյց զզաւրսն Հայոց:

Եւ իբրեւ այս ամենայն չարիք յաջողեցան նմա, քակեաց եւ զմիաբանութիւն աշխարհին Վրաց ի Հայոց, եւ Աղուանիցն ոչ ետ յառաջ խաղալ. եւ զաշխարհն Աղձնեաց ըստ նմին իսկ աւրինակի յետս կալաւ: Գրեաց հրովարտակ եւ աշխարհին Յունաց, ցուցանելով նոցա այլ ընդ այլոյ ստութեամբ, առ այր մի, որոյ Վասակ անուն էր, յայնց Մամիկոնենից՝ որ կան ի ծառայութեան Յունաց: Եւ ի թշուառութեան ժամանակին այրն այն սպարապետ էր Ստորին Հայոց, եւ հաւատարիմ զաւրացն Հոռոմց ի սահմանին Պարսից, եւ արտաքոյ էր աւրինացն Աստուծոյ գործովք իւրովք: Եգիտ այս Վասակ զայն Վասակ իւր գործակից ի մեծամեծ չարիսն՝ զոր միաբանեցին երկոքեանն:

Գրէր նա եւ ցուցանէր հանապազորդ, իբր թէ ամենայն Հայք զկնի իւր միաբանեցին: Եւ զնոյն գիր մեծաւ զգուշութեամբ ներքին Վասակն տայր տանել ի թագաւորանիստ քաղաքն կայսեր. մինչեւ զուրբ եպիսկոպոսացն զմիտս եւս ուծացոյց ի նոցանէ, եւ զամենայն զաւրսն Յունաց յերկբայս արար յուխտէն:

And he assembled all those whom he had tempted and formed a large, armed force; he wrote many of their names one by one and presented them to the great hazarbed [Mihr Narseh], and greatly boasting of his strength and valor, he deceptively taught them to err, and gave the appearance that the Armenian army had been split in two.

And when he had succeeded in all this evil, he dissolved the union between the Georgia and Armenia, and did not allow the Aghuank to progress, and in the same way also held back the Aghdznik. He wrote a letter to the Greeks, with equivocations, to give to a man named Vasak of the Mamikonian [clan] which was in service to the Greeks. In this time of misery, that man was sparapet of Lower Armenia, and loyal to the Roman army at the Iranian border and was without the Divine Law in his workings. This Vasak found in the other Vasak [of Syunik] an associate for effecting great misery, in which they united together.

He wrote and continually gave the appearance that all Armenians were united with him. And this same letter Vasak carefully and covertly had delivered to the royal capital, and so much as distanced the minds of the holy bishops from [the Armenians] and put doubt in the minds of the entire Greek army about their covenant.

CHAPTER IV

Մանաւանդ զի ի ձեռն սուտ քահանայիցն պատրէր եւ խաբէր իբրեւ ճշմարիտ մարդովք. աւետարան հանդերձ խաչիւ տայր տանել, եւ զիւր զամենայն սատանայական ստութիւնն նոքաւք ծածկէր: Դնէր զինքն յաստուածպաշտութեան կարգի եւ զամենայն կողմ ուրացելոցն. առաւել զինքն հաւաստէր հաստատուն քան զամենայն զաւրսն Հայոց. երդնոյր եւ հաստատէր, եւս եւ զամենայն հրամանս թողութեան յարքունուստ ցուցանէր:

Այն էին եւ կամք Յունաց աշխարհին, լսել զայն ախորժութեամբ. այլ ի ձեռն նորա առաւել եւս ի նոյն յեղեալ տապալեցան:

Սոյնպէս առնէր եւ ընդ ամենայն կողմանս ամրականաց աշխարհին, ի Տմորիսն եւ ի Կորդիսն, յԱրցախ եւ յԱղուանսն, ի Վիրս եւ յաշխարհին Խաղտեաց. յղէր պնդէր, զի ապստամբականութեան ոք արժանի մի՛ արասցէ:

Եւ ըստ մեծի չարութեան նորա առաւել եւս ժամանակն եբեր նմա զյաջողութիւն իրացն. զի ամենեւին արտաքուստ աւգնական ոք ոչ գտաւ զնդին Հայոց, բաց յայնց Հոնաց, որոց բանս եղեալ էր: Սակայն եւ վասն նոցա կուտեաց զբազում այրուձին Արեաց, արգել եւ փակեաց զդրունս ելին նոցա: Քանզի ոչ տայր դադար ամենեւին թագաւորին Պարսից, այլ յղէր եւ կոչէր գունդս բազումս ի պահակն Ճորայ, եւ զՎրաց աշխարհին բովանդակ անդ գումարէր, զզաւրսն Լփնաց եւ զՃղբաց, եւ զՎատն, զԳաւն եւ զԳղուարն եւ զԽրսանն եւ զՀեճմատակն, զՓասխն եւ զՓոսխն, եւ զՓիւքուան եւ զամենայն զաւրսն Թաւասպարանն, զլեռնայինն եւ

Especially because he separated through the false priests, as though they were true men—he had the Gospel and cross taken, concealing his most devilish lie[s] with them. He insinuated himself in the ranks of the Godly, surrounding himself with apostates; thus, he believed himself to be stronger than the whole Armenian army: he swore and gave assurances, and showed all commands of remission from the court.

That was also the will of the Greeks, so they listened to this agreeably; and because of him [Vasak] they became more removed [from the Armenians].

He acted in the same manner with all the strongholds of the land, in T'morik and in Corduene, in Artsakh and Aghuank, in Georgia and the land of the Khaghtik, he sent [people] to insist that they not entertain [the Armenians] honorably.

And according to his great malefaction, time brought him yet more success, for the Armenian army was entirely deprived of foreign and external aid, with the exception of the Huns, with whom they had an agreement. But yet because of them [the Armenians], he gathered the large cavalry of the Aryans, and blocked their gates of passage. For he did not give the king of the Persians any rest, but sent and summoned a great company [of soldiers] to the gate of Chor, and gathered all [the forces] of the Georgians, the forces of the Lp'ink and Chikhbk, Vatk, Gavk and Ghuark and Khrsank and Hechmatak, Paskh and Poskh, and Piwkuank, and the entire army of Tawasparank, [from] the highlands and

զդաշտայինն, եւ զամենայն ամրակողմն լերանցն: Էր զոր կարասեաւ, մեծաւ պարգեւաւք եւ առատաձեռն բաշխելով զզանձսն արքունի, եւ էր զոր հրամանաւ թագաւորին սաստիւ տագնապէր:

Զայս ամենայն իբրեւ արար եւ կատարեաց ըստ հրամանի թագաւորին, աւր ըստ աւրէ գրէր եւ ցուցանէր մեծ հազարապետին Պարսից, որ ղաւղեալ եւ թաքուցեալ էր ի քաղաքն Փայտակարան: Համարձակեցաւ այնուհետեւ եւ նա ցուցանել զինքն բազում ազգաց, էր՝ որոց աւ արկանէր, եւ էր՝ որոց սիրով պարգեւս բաշխէր: Կոչէր առ ինքն զՎասակ, եւ որք ընդ նմա իշխանքն ամենեքեան, բազում պարգեւս շնորհէր նոցա յարքունուստ, եւ զաւրացն՝ որ ի նորա բանի էին: Տանէր զառաջեաւ եւ զուրացեալ երիցուննսն. ցուցանէր, հաստատէր եւ յայտ առնէր, եթէ սոքաւք որսացայց զնոսա՝ քակտել ի միաբան ուխտէն: Իսկ հազարապետն իբրեւ զայն լսէր՝ յոյժ շնորհակալ լինէր երկոցունցն, եւ յոյս առաջի դնէր նոցա. «Եթէ լիցի մեր յաղթութիւն, զայլոց քահանայից կեանս դոցա շնորհեցից, եւ զմեծ վաստակ դոցա ցուցից թագաւորին»:

Եւ այսպէս շարժեաց եւ շփոթեաց զաշխարհին Հայոց, մինչեւ զբազում եղբարս հարազատս քակեաց ի միմեանց, ոչ եթող միաբան զհայր եւ զորդի, եւ ի մէջ խաղաղութեան արար խռովութիւն:

the lowlands, and all the mountain strongholds. Some [he captured] with possessions, great gifts and the distribution of abundant royal treasures, and others he pressed by the threat of the king's command.

And when he effected and accomplished all of that according to the king's command, he daily wrote to the great hazarbed of the Persians [Mihr Narseh], who was hiding in the city of Paytarakan. Thereafter, he went boldly and approached many nations, filling some with terror and gladly distributing gifts among the others. He called for Vasak and all the princes who were with him, bestowed many gifts upon them from the court, and to the soldiers in agreement with him. [Vasak] took before him the apostate priests; he indicated, established and explained that with these he would lure the others and disband from the unity of their alliance. When the hazarbed heard this, he was very thankful to the priests, and placed hope before them: "If we succeed, the possessions of the other priests [shall be] bestowed among you, and your great services will be represented to the king."

And thus [he] shook and disturbed the land of Armenians, so much as estranging brothers from each other, separating son from father, and he caused disturbance in the midst of peace.

CHAPTER IV

Եւ անդէն իսկ յիւրում աշխարհին եղբաւրորդիք երկու էին նորա ի սուրբ ուխտին առաքինութեան. գրեաց եւ եցոյց վասն նոցա յարքունիս, եւ էառ իշխանութիւն ի վերայ կենաց նոցա, մերժեաց եւ եհան զնոսա յաշխարհէն, զի մի՛ այլ դարձցին անդրէն: Հալածեաց եւ փախոյց զամենայն միայնակեաց սաշխարհին, ոյք հայհոյէին զանդարձ ամբարշտութիւն նորա: Արար եւ կատարեաց զամենայն չարիսն ընդդէմ ճշմարտութեանն. եւ զոր ինչ ոչ գիտէին անաւրէն հեթանոսքն՝ իմացուցանէր նոցա, եւ վասն ուխտին քրիստոնէութեան, եթէ որպէս հնարիւք կարասցէ բառնալ յաշխարհէն Հայոց:

Զայս ամենայն չարիս իբրեւ ետես ի նմա Միհրներսեհ, քան յանձն իւր՝ առաւել ի նա էր յուսացեալ: Հարցանէր եւ ստուգէր՝ թէ քանի՞ այր կայ ի Հայոց աշխարհին ի գնդին Վարդանայ ընդ ամենայն բազմութիւնն: Իբրեւ լուաւ ի նմանէ՝ թէ աւելի քան զվաթսուն հազար են, խնդրէր եւս տեղեկութիւն վասն իւրաքանչիւր անձին քաջութեան, եւ կամ քանի՛ այն որք իցեն՝ որ սպառազէնքն իցեն, եւ կամ քանի՛ այն որք իցեն՝ որ մերկ առանց զինու աղեղնաւորք իցեն. սոյնպէս եւ վասն վահանաւոր հետեւակացն:

Եւ իբրեւ լուաւ զթիւ համարոյ բազմութեանն, առաւել եւս փութացաւ ուսանել՝ թէ քանի՛ք իցեն պարազլուխք քաջ նահատակացն, զի երիս ընդ միոյ պատրաստեսցէ առ մի մի ի նոցանէ, թող զայլն ամենայն: Այլ եւ դրաւշից անգամ իւրաքանչիւրոց տեղեկանայր ի նմանէ. եւ թէ քանի՛ գունդ զզաւրսն բաժանիցեն, եւ ո՛ր ոք ի նոցանէ սաղարք լինիցին,

Even in his own land [Syunik], he [Vasak] had two nephews [brothers' sons] who were in the virtuous holy alliance; he wrote about them and presented it [his writing] to the royal court, received authority of their possessions, and exiled them from the land so that they could not return. He persecuted and put to flight all the hermits of the land who cursed his irredeemable ungodliness. He effected all this evil against the truth, and that of which the lawless heathens did not know, he taught them, as well as about the Christian clergy, as to the means by which they may be taken away from the land of the Armenians.

When Mihr Narseh saw all this evil in him [Vasak], he put more hope in him than in himself. He examined the number of men throughout Armenia under the entire command of Vartan. When he heard that they amounted to more than 60,000, he required additional information as to the strengths of each, the number of those who were armed, and how many were [otherwise] unarmed archers, [and] likewise concerning the shielded infantry.

When he [Mihr Narseh] heard the number of the people, he became more eager to learn about how many leaders there were of the brave warriors, to outnumber them three-to-one, leaving aside the rest. He also inquired concerning each banner [regiment], and as to how many regiments the army was divided into, whom among them were officers,

եւ ո՛ր զաւրագլուխ յորմէ կողմանէ յռազմ մտանիցէ, եւ զինչ անուանք իւրաքանչիւր համհարզացն իցեն, եւ քանի՛ փողահարք ի մէջ գնդին ձայնիցեն: Ղակի՞շ գործիցեն արդեւք, եթէ արձակ բանակեսցին. ճակատ առ ճակա՞տ գործիցեն, եթէ համագունդ ընդ մի տեղի դրդիցեն: Ո՛ ոք ի նոցանէ երկբայս կայցէ, եւ կամ ո՛ ոք ի նոցանէ զանձն ի մահ դնելով գուն գործիցէ:

Եւ իբրեւ զայս ամենայն տեղեկացաւ ի նմանէ, կոչէր զամենայն զաւրագլխեանն, պատուէր հրամանի տայր ամենեցուն յանդիման նորա, զի խրատու նորա լուիցեն ամենեքեան: Եւ զամենայն զաւրսն զաւրագլխաւքն հանդերձ յանձն առնէր առն միում յաւազացն, որում անուն էր Մուշկան Նիւսալաւուրտ:

Եւ ինքն խաղայր անդէն գնայր յերկիրն Արեւելից. եւ յանդիման եղեալ մեծի թագաւորին, պատմէր զամենայն անցս իրացն, զիւր հնարաւոր իմաստութիւնն եւ զՎասակայ խաբեբայ պատրանս հայթայթանացն. ո՛րպէս զառաջինն զիւր զամբարշտութիւնն կամեցաւ ծածկել այնու՝ զի քակեալ երկպառակեաց զգունդն Հայոց:

Իբրեւ լուաւ զայս ամենայն թագաւորն ի բերանոյ մեծ հազարապետին, դառնացաւ յանձն իւր, եւ ասէ անսուտ երդմամբ. «Եթէ ապրեսցի անաւրէնն այնի մեծ պատերազմէն, մեծաւ անարգանաւք տամ ըմպել նմա զբաժակն դառնութեան մահու»:

which commander would lead the battle on which side, the names of each adjutant, and how many trumpeters would sound in the army. Would they cast up entrenchments or encamp openly? Would they do battle head-to-head [along the battle line] or concentrate [each] entire regiment on one spot? Who among them would waver, and who among them would fight to the death?

And when he [Mihr Narseh] was informed on all these points by them, he summoned all of his commanders, and commanded them all, in his [Vasak's] presence, to heed his instructions. And all the army and the commanders he committed to one grandee, whose name was Mushkan Niwsalavurt.

He himself set forth towards the land of the East and appeared before the great king, to whom he related all the occurrences which had taken place, his devious wisdom and Vasak's deceptive flattery to procure [his ends]; how he had at first resolved to conceal his ungodliness to dissolve and divide the Armenian army.

Now when the king heard all this from the mouth of the great hazarbed, he became embittered in himself, and swore the [following] inviolable oath: "If that renegade survives that great war, with great dishonor will I have him drink from the bitter cup of death."

$\mathcal{I}$NDEX

INDEX

SOPHENE